U0532234

中国社会科学院创新工程学术出版资助项目

中国人文社会科学期刊评价报告（2014）

荆林波◎主编

中国社会科学出版社

图书在版编目(CIP)数据

中国人文社会科学期刊评价报告.2014／荆林波主编.—北京：中国社会科学出版社，2015.5
ISBN 978-7-5161-6090-9

Ⅰ.①中… Ⅱ.①荆… Ⅲ.①人文科学—期刊—研究报告—中国—2014②社会科学—期刊—研究报告—中国—2014 Ⅳ.①G255.2

中国版本图书馆 CIP 数据核字(2015)第 086450 号

出 版 人	赵剑英
责任编辑	王　茵
特约编辑	孙　萍
责任校对	季　静
责任印制	李寡寡

出　　版	中国社会科学出版社
社　　址	北京鼓楼西大街甲 158 号
邮　　编	100720
网　　址	http://www.csspw.cn
发 行 部	010-84083685
门 市 部	010-84029450
经　　销	新华书店及其他书店
印　　刷	北京君升印刷有限公司
装　　订	廊坊市广阳区广增装订厂
版　　次	2015 年 5 月第 1 版
印　　次	2015 年 5 月第 1 次印刷
开　　本	787×1092　1/16
印　　张	18.25
插　　页	2
字　　数	239 千字
定　　价	55.00 元

凡购买中国社会科学出版社图书，如有质量问题请与本社营销中心联系调换
电话：010-84083683
版权所有　侵权必究

主　　编　荆林波

副 主 编　吴　敏　王力力　苏金燕　逯万辉　耿海英
　　　　　　余　倩　郝若扬

编　　委　杨发庭　相均泳　郭君平　冯守礼　张青松
　　　　　　郝　明　何玉琼　陈媛媛　王春红　侯轶雄
　　　　　　李钰莹　索建次　陈　瑶　卢珊珊　章　璋
　　　　　　沈进建　刘潇潇　杨卓颖　刘冰洁　徐璟毅
　　　　　　李　军　邹青山

内容提要

十八大报告明确提出要"建设哲学社会科学创新体系"。哲学社会科学评价体系建设是"建设哲学社会科学创新体系"中的重要环节，人文社会科学期刊评价是哲学社会科学评价体系的重要组成部分。随着期刊数量的不断增长，以及电子期刊、开放获取期刊等新形式期刊的不断涌现，对人文社会科学期刊进行科学评价，对于匡正学术风气，提升研究水平，促进学术交流有着重要意义。

本报告按照提出问题、分析问题、解决问题的思路展开，共分为四部分：

第一部分：中国人文社会科学期刊评价：现状·问题·建议。在分析国内外主要期刊评价成果的基础上，指出现有人文社会科学期刊评价存在意识形态属性评价指标不突出、评价数据公开透明性待加强、定性评价方法待改进、评价理论基础待完善等问题，随后针对这些问题提出了改进的对策建议。

第二部分：中国人文社会科学期刊综合评价指标体系。针对第一部分提出的问题，中国社会科学评价中心提出"中国人文社会科学期刊综合评价指标体系"。该指标体系契合期刊编辑出版流程，强调学术性评价，同时加入意识形态属性指标，评价打分引入扣分机制，不仅重视对期刊的评价，更注重对期刊的引导。

第三部分：2014年中国人文社会科学期刊评价报告研制说明。该部分不仅介绍了本次评价活动中期刊的学科归类方法、评价数据的来源及采集时间等内容，还提出了本次评价活动中期刊的划分等级方式：顶级、权威、核心和扩展，并对每个等级的划分方法进行了阐述。

第四部分：2014年中国人文社会科学期刊评价结果。该部分是采用中国人文社会科学期刊综合评价指标体系，对我国733种人文社会科学期刊进行了评价，共评出17种顶级期刊，40种权威期刊，430种核心期刊和246种扩展期刊。

构建具有鲜明中国特色的社会科学评价体系

高 翔

打造哲学社会科学的中国话语体系,归根到底要形成具有中国特色、中国风格、中国气派的哲学社会科学创新体系,推出能体现中国立场、中国精神、中国水平的研究成果。要实现这一目标,掌握学术标准的制定权是根本,掌握学术成果的评价权是关键。如果我们在什么是学术、什么不是学术;什么成果为优,什么成果为劣这些基本问题上,都缺乏客观、公正的评价标准,不具备必要的话语权,那就意味着我们的学术研究缺乏必要的规范和引领,形成不了自己的合力和特色。经过新中国65年、特别是改革开放36年的发展,构建具有鲜明中国特色的社会科学评价体系,已经成为中国学术走向未来、走向世界的必然要求和基本前提。

争论中的学术评价

改革开放以来,特别是上个世纪90年代以来,随着哲学社会科学研究的进步、中外学术交流的加强,我国开始有意识地吸收、借鉴国际学术评价机制,逐渐形成了以期刊、机构为重心的学术评价体系,以期刊、专著的发文数量和等级作为评价科研成果的重要指标。这套评价方法,对于方便科研管理、激励科学研究、推动新时期哲学社会科学的繁荣发展发挥了重要作用。但在实际执行过程中，也暴露出一些问题。

一是过分偏重量化指标。我国目前的学术评价体系，通常以影响因子、转载率等量化指标作为评价论文质量和学术期刊等级的核心标准，这一做法有其合理性。量化指标的确是评估科研成果优劣的必要参考，有助于保持学术评价的客观性，而且便于操作。但也要看到，量化指标有其局限性，不足以全面衡量科研成果的质量和影响力。例如，一些绝学研究成果，其转载率、影响因子往往无法和应用对策研究成果相比，但其在文明传承中具有独特价值，这是量化指标很难反映的。事实上，引用率高的论著，未必是上乘之作；引用率低的论著，未必缺乏学术含量，有的还是填补学术空白、开辟学科新天地的扛鼎之作。因此，过分偏重量化指标，看似客观、公正，其实隐含着深刻的不公。而当前，我国存在着过度量化之弊。对科研机构、科研人员的评价，重数量轻质量；对学术期刊、学术出版社的评价，过分推崇转载率、影响因子，忽视其学术责任与学术担当。对这一倾向，学术界有必要采取措施予以纠正。

二是脱离科研实际。当前的学术评价，在评价者和研究者之间缺乏必要的互动和交流，存在着评价脱离科研实际的情况。这主要体现在两个方面：一是评价过程缺乏学者包括期刊编辑的参与，变成评价者单方面的行为，研究人员对学科发展的看法和意愿在评价结果中很难得到体现；二是评价体系过于笼统，没有充分顾及到不同学科的独特性。事实上，人文学科和社会科学，交叉学科、新兴学科和传统的主流学科（如历史学、经济学等），差异很大，用一个指标体系，很难反映不同学科发展的真实状况。完善的学术评价体系，必须立足学术发展的实际，体现学术共同体的集体意志。

三是人为因素干扰。学术是千秋之事，学术评价关系千秋。当前，学术界存在着比较严重的功利主义倾向，追名逐利、急功近利现象蔓延，而学术评价机制的不健全、评价标准的不透明、评审过程的不公开、学术监督机制的缺位，导致权力寻租、金钱交易现象时有发生。例如，为提高影响因子，一些学术期刊负责人忙于跑关系、搞公关，期刊间搞互相转引，甚至强迫作者承诺自己的文章刊发后被转载，不但败坏学术风气，而且损害了学术评价的公正性和合法性。再如，同行评议原本是为修正量化评价偏颇的有益尝试，但在具体实施中却发生了扭曲，评审专家遴选的不透明，少数评审专家不能严格按照学术质量进行独立、公正的评审，往往以亲疏远近、权力大小和个人好恶作为评判的依据，从而动摇了同行评价的专业性和权威性。

四是缺乏导向性。学术评价的过程，也是学术引领的过程。学术评价通过对科研成果、发表平台、研究机构确定等级、明确优劣，影响学者的研究取向，从而实现对学术的引导。一个健全而成熟的学术评价体系，必须有自己的价值立场，必须回答学术从何处来到何处去的问题，必须通过公正、客观、内行的评价，指出学术研究的成败得失以及今后的发展路向，绝不是"以己之昏昏，使人昭昭"。如果我们片面追求学术评价的所谓独立性和中立性，放弃引领学术的使命，以量化指标代替对学术方向的思考，以笼统标准代替对学科发展的精细化分析，听凭非学术因素对评价的干扰，我们的学术评价最终会迷失在"学海"之中，随波逐流，找不到出路。事实上，加强学术评价的导向性，是当前我国社会科学评价亟须解决的问题。

需要处理好三个关系

我国的哲学社会科学，正面临着前所未有的发展机遇，构建哲学社会科学评价体系，必须坚持三个有利于：有利于坚持正确的学术方向，巩固中国特色社会主义理论体系在哲学社会科学研究中的指导地位；有利于推动理论创新和学术繁荣，打造哲学社会科学的中国话语体系；有利于中国学术走向世界，和国际主流学术展开平等的、有尊严的对话与交流，为世界文明的提升贡献中国思想、中国经验、中国智慧。在具体工作中，要处理好三组关系。

第一，理论引领与学术本位的关系。和自然科学相比，哲学社会科学具有一个显著的特征，那就是鲜明的意识形态属性，阶级性、民族性是任何一个学术流派都不能回避的本质属性。当今国际学坛，"诸家之说，蜂出并作"，各种思潮相互激荡、交融、竞争。中国的人文社会科学，承载着中华民族的优秀学术传统，立足于中国现代化建设的伟大实践，马克思主义是当代中国学术的旗帜和灵魂，服务中国特色社会主义是其时代使命。构建学术评价体系必须服务于这一属性，坚持马克思主义在学术评价中的指导地位，推动哲学社会科学创新体系的形成。需要特别指出的是，在马克思主义学术中，科学性和阶级性并不矛盾，坚持理论引领和学术本位也不矛盾。我们一方面不能放弃引领学术方向的历史责任，另一方面也不能把学术评价简单化为政治评价，而是要贯彻"双百"方针，推动不同学术观点的切磋砥砺、交锋与交流，扶持和保护学派的形成和发展。要通过公正、客观的学术评价，推动学者坚持科学精神、科学原则，用经得起实践和历史检验的优秀成果，彰显中国化马克思主义理论学术强大的生命力和感召力。

第二，立足中国与走向世界的关系。我国现行学术评价体系，特别是对学术期刊、学术机构的评价，借鉴了不少西方国家的方法。这有一定的必然性和合理性，对推动社会科学研究的规范化产生了积极作用。但也要看到，在国际学术话语体系中，缺乏中国声音、中国因素、中国影响力，是我们面临的突出问题。以期刊评价为例，盲目推崇社会科学引文索引即SSCI，不顾其原本初衷，简单地将其作为期刊和论文评价工具，一些学术期刊以挤进SSCI为荣，一些科研机构对在SSCI期刊发文的学者给予特殊重奖。这种盲目推崇国外指标体系的倾向，源于对SSCI缺乏深入了解，非常不利于学术发展。哲学社会科学从来都具有鲜明的民族性，中国学术的是非得失最终要由中国人自己来评价。构建中国学术评价体系，对国外评价方法，要坚持以我为主、为我所用的原则，该借鉴的借鉴，该抛弃的抛弃，同时，要立足中国学术的实际，制定自己的评价标准，不片面追求与国际主流学术评价体系接轨，更不能"削足适履"。在此基础上，还要用我们中国人自己的眼光，审视国际学术风云，辨明是非，明确高下，对学术的未来走向发出中国学人自己的声音，这是中国学术走向世界的应有之义。

第三，定量评价与定性评价的关系。定量评价客观、准确、易操作，对于保证学术评价的公正性、避免主观随意性具有重要意义。但单纯量化评价担负不起科学评价的重任。定量评价无法容纳那些难以量化的"影响因子"，一项研究成果的学术贡献决不是单纯靠转引率所能判定，往往需要业内专家结合本专业的学术史和当前的研究状态加以仔细的推敲和评估，这就要求将定性评价纳入学术评价体系之中。也就是说，缺少量化的定性评价是主观随意的，而缺少定性的量化评价是残缺不全的。我们要构建的评价体系，应该坚持定量与定性相结合，在充分掌握数据材料的基础上，进行多角度的深刻的本质分析与概括，努力实现定量评价与定性评价的动态平衡。

深化学术评价体系改革

中国学术评价体系的改革，要坚持以马克思主义为指导，以服务中国特色社会主义为旨归，以推动理论创新、学术繁荣为职责，以增强中国学术话语权为追求。以下几个方面值得我们重视。

第一，完善同行评议制度。同行评议是一种被国内外广泛运用的学术评价方法。这种最早被西方国家用于专利审查、之后被推广至学术书刊出版的评价制度,经过200多年的不断完善,形成了一整套包括专家遴选、匿名评审、集体表决、公开讨论在内的评价制度,有力地促进了学术研究的健康发展和学术共同体的形成。同行评议制度引入中国后,对推动学术的健康发展,产生了十分重要的作用,但也出现了制度不健全、程序不规范、监督不到位等问题。为了最大限度地发挥同行评议的积极作用,要完善专家遴选机制,综合考虑知识结构、学术成就、评议水平和学术道德来确定专家人选,避免外行评价内行,避免学术评价的低水平和随意性。学术期刊、学术著作出版要进一步加强双向匿名评审和专家回避制度,遏制人情关系和利益关系对同行评议的干扰,提高同行评议的公正性。应建立学术评价申诉和责任追究制度,为被评议人提供申辩的渠道,追究评审专家的渎职行为,对评审中的权钱交易、拉帮结派、营私舞弊等学术不端行为零容忍。

第二,强化学术期刊的评价功能。在现代学术发展中,学术期刊历来是前沿成果的重要发布平台,在引领学术发展中发挥着不可替代的作用。即使欧美学术界,在何种档次的学术期刊上发表文章也是衡量学者研究能力的重要依据。要增强学术期刊的学术评价功能,关键在于提高学术期刊的办刊水平,杜绝关系稿、人情稿和金钱稿,培育和树立学术期刊的公信力。为此,要建立严格的匿名评审制度和期刊内部的多层级审稿制度,通过严格的审稿流程排除非学术因素的干扰。要推动编辑部站在历史和时代的制高点上办刊,建立一支讲政治、懂理论、通学术的高素质编辑队伍,提高编辑"沙里淘金、点石成金"的学术甄别能力和稿件处理能力,让学术期刊在学术成果的评价中,发挥应有的导向作用。

第三,丰富学术评价内容和手段。有学术活动,就有学术评价。学术评价既要面向个体研究者,也要扩宽视野,将评价范围扩展至学科、智库、高校、地区,乃至国际学术界以及网上学术活动。对学术机构，既要开展科研成果评价，也要进行学术人才、学术团队、学术风气评价。在评价体系上，要实现指标和手段的多样化，坚持定性评价与定量评价相结合，成果评价与过程评价相结合，读者评价与编辑评价相结合，专家评价与问卷调查相结合，同时，要注意听取评价对象的意见。要善于利用新媒体技术，创新学术评价方法，将网上影响力纳入评价指标体系，开展网络问卷调查和远程视频评审，建立专家数据库，开通网络举报渠道，使学术评价在阳光下运行，经得起大众的审视和检验。

第四，建立独立、公正、权威的学术评价机构。主持公道，折衷至当，应该成为学术评价追求的境界，要实现这一目标，必须建立独立、权威的学术评价机构，以规避评价对象、利益群体的非学术干扰。在当代中国，一个有影响力的学术评价机构，必须具备几项基本条件：坚持坚定正确的政治和理论方向，对学术发展规律、发展现状有比较深刻的认识，认清自己的学术使命和学术担当；有比较完备的学术资料数据库和调查分析平台，有比较健全的学术评价标准、评价制度和评价流程；有一支忠诚、敬业的专业化学术评价队伍，在学术界拥有较强的公信力、号召力和组织能力。只有具备这些条件，才能真正承担起对学术发展进行客观、公正评价的重任。

总之，构建适合中国国情、具有鲜明中国特色的哲学社会科学评价体系，是当前我国哲学社会科学繁荣发展的基本要求，也是打造中国学术话语权、推动中国学术走向世界的重要前提，任重道远，需要全国哲学社会科学工作者共同努力。

（原载于《中国社会科学报》2014年4月18日第585期）

目 录

第一部分

中国人文社会科学期刊评价：现状·问题·建议 ……………（3）
 一 人文社会科学期刊评价现状 ………………………（3）
  （一）《中文核心期刊要目总览》 …………………（4）
  （二）《中文社会科学引文索引》 …………………（5）
  （三）《中国人文社会科学核心期刊要览》 ………（6）
  （四）《中国学术期刊评价研究报告》 ……………（6）
  （五）SCI、SSCI 与 A&HCI ………………………（7）
 二 人文社会科学期刊评价存在的主要问题 …………（8）
  （一）评价活动中意识形态属性不突出 ……………（8）
  （二）评价活动的公开、公平、公正性有待提高 …（8）
  （三）定性评价方法的运用方式有待商榷 …………（9）
  （四）大数据环境下期刊评价理论建构不足 ………（9）
  （五）指标设置上期刊发展导向性指标较少 ………（10）
  （六）评价人才队伍建设有待加强 …………………（10）
 三 人文社会科学期刊评价实施对策与建议 …………（11）
  （一）明确设置意识形态属性评价指标，提高编辑
     人员政治意识和政治把关能力 ………………（11）
  （二）坚持以"公开、公平、公正"为评价行为

　　　　准则，增加监督机制 …………………………………（12）
　　（三）改进定性评价方式，提高其对评价结果的
　　　　影响 ………………………………………………（12）
　　（四）借鉴其他学科相关理论，弥补现有期刊
　　　　评价理论的不足 …………………………………（12）
　　（五）完善期刊评价指标体系，适应信息环境
　　　　下的期刊评价 ……………………………………（12）
　　（六）加强人才队伍的培养，不断提高评价
　　　　业务水平 …………………………………………（13）

第二部分

中国人文社会科学期刊综合评价指标体系 ………………（17）
　一　中国人文社会科学期刊综合评价模型 ………………（17）
　二　中国人文社会科学期刊综合评价指标体系 …………（18）
　三　中国人文社会科学期刊综合评价指标体系
　　（2014年试用版） …………………………………（29）
　四　中国人文社会科学期刊综合评价指标体系特点 ……（35）

第三部分

2014年中国人文社会科学期刊评价报告研制说明 ……………（39）
　一　学科划分与期刊归类 ……………………………（39）
　　（一）学科分类的划分依据 ………………………（39）
　　（二）期刊的学科归类方法 ………………………（39）
　　（三）期刊源的分学科分布 ………………………（39）
　二　期刊分级排序方法 ………………………………（40）
　　（一）顶级期刊 ……………………………………（40）

（二）权威期刊 …………………………………………… (41)
　　（三）核心期刊 …………………………………………… (41)
　　（四）扩展期刊 …………………………………………… (41)
　三　数据来源与采集时间 ………………………………………… (41)
　　（一）数据来源 …………………………………………… (41)
　　（二）采集时间 …………………………………………… (42)

第四部分

2014年中国人文社会科学期刊评价结果 ……………………… (45)
　一　总体情况 ……………………………………………………… (45)
　二　分学科期刊评价结果 ………………………………………… (46)
　　（一）法学 ………………………………………………… (46)
　　（二）管理学 ……………………………………………… (50)
　　（三）环境科学 …………………………………………… (54)
　　（四）教育学 ……………………………………………… (55)
　　（五）经济学 ……………………………………………… (59)
　　（六）考古学 ……………………………………………… (73)
　　（七）历史学 ……………………………………………… (75)
　　（八）马克思主义 ………………………………………… (80)
　　（九）民族学与文化学 …………………………………… (82)
　　（十）人文地理学 ………………………………………… (86)
　　（十一）社会学 …………………………………………… (88)
　　（十二）体育学 …………………………………………… (90)
　　（十三）统计学 …………………………………………… (92)
　　（十四）图书馆、情报与档案学 ………………………… (93)
　　（十五）文学 ……………………………………………… (98)
　　（十六）心理学 …………………………………………… (100)

（十七）新闻学与传播学 ………………………………………（101）
（十八）艺术学 ……………………………………………………（103）
（十九）语言学 ……………………………………………………（105）
（二十）哲学 ………………………………………………………（109）
（二十一）政治学 …………………………………………………（111）
（二十二）宗教学 …………………………………………………（120）
（二十三）综合性人文社会科学 …………………………………（120）

三　期刊评价指标排名结果 ………………………………………（145）

（一）法学 …………………………………………………………（145）
（二）管理学 ………………………………………………………（148）
（三）环境科学 ……………………………………………………（152）
（四）教育学 ………………………………………………………（153）
（五）经济学 ………………………………………………………（157）
（六）考古学 ………………………………………………………（170）
（七）历史学 ………………………………………………………（172）
（八）马克思主义 …………………………………………………（176）
（九）民族学与文化学 ……………………………………………（179）
（十）人文地理学 …………………………………………………（182）
（十一）社会学 ……………………………………………………（184）
（十二）体育学 ……………………………………………………（186）
（十三）统计学 ……………………………………………………（188）
（十四）图书馆、情报与档案学 …………………………………（189）
（十五）文学 ………………………………………………………（193）
（十六）心理学 ……………………………………………………（196）
（十七）新闻学与传播学 …………………………………………（197）
（十八）艺术学 ……………………………………………………（198）
（十九）语言学 ……………………………………………………（200）
（二十）哲学 ………………………………………………………（204）

（二十一）政治学 …………………………………………（206）
　　（二十二）宗教学 …………………………………………（214）
　　（二十三）综合性人文社会科学 …………………………（215）
期刊名称索引 ………………………………………………（240）
期刊主办单位索引 …………………………………………（255）
致谢 …………………………………………………………（270）

第一部分

中国人文社会科学期刊评价：
现状·问题·建议

十八大报告明确提出要"建设哲学社会科学创新体系"①。哲学社会科学评价体系建设是"建设哲学社会科学创新体系"中的重要环节，人文社会科学期刊评价是哲学社会科学评价体系的重要组成部分。

一 人文社会科学期刊评价现状

从世界上第一本学术期刊创刊至今，学术期刊已经成为发布科学成果，传播科学知识，进行学术交流的重要平台。世界范围内，学术期刊数量在不断增长，电子期刊、开放获取期刊等新形式期刊也在不断涌现。打造哲学社会科学的中国话语体系，掌握学术标准的制定权是根本，掌握学术成果的评价权是关键。② 对数量众多、形式各异的学术期刊进行评价，对于匡正学术风气，提升研究水平，促进学术交流等均有着重要意义，这也是落实国

---

① 胡锦涛：《坚定不移沿着中国特色社会主义道路前进　为全面建成小康社会而奋斗——在中国共产党第十八次全国代表大会上的报告》，人民出版社2012年版，第31页。
② 高翔：《构建具有鲜明中国特色的社会科学评价体系》，《中国社会科学报》2014年4月18日，第A08版。

家"完善文化产品评价体系和激励机制"①的方法之一。

我国学术期刊评价始于20世纪70年代,自20世纪80年代中期开始,学术期刊评价研究逐渐在学者和图书情报机构中展开。② 这些早期研究主要集中在自然科学学术期刊的评价上,大多使用文献计量学方法测定核心期刊,较少涉及人文社会科学期刊的评价问题。进入20世纪90年代,人文社会科学学术期刊评价才逐步进入研究视野,并呈现出多元化的态势。

除学者的个人研究外,北京大学图书馆编制的《中文核心期刊要目总览》、南京大学中国社会科学研究评价中心编制的《中文社会科学引文索引》、中国社会科学院图书馆编制的《中国人文社会科学核心期刊要览》和中国科学评价研究中心与武汉大学图书馆等编制的《中国学术期刊评价研究报告》,在我国发挥着重要的人文社会科学期刊评价作用。

(一)《中文核心期刊要目总览》

《中文核心期刊要目总览》(以下简称《要目总览》)起初是由北京大学图书馆和北京高校图书馆期刊工作研究会共同主持的研究项目,北京地区数十所高校图书馆的期刊工作者参加了研究。1992年,《要目总览》以工具书的形式正式出版;2011年,《要目总览》第6版发行,遴选出人文社会科学核心期刊750种③。

《要目总览》的研制目的是"对图书馆在一定的经费范围内构建更为合理的期刊馆藏,更好地为自己的用户提供文献服务,

---

① 《中共中央关于深化文化体制改革、推动社会主义文化大发展大繁荣若干重大问题的决定》(2011年10月18日中国共产党第十七届中央委员会第六次全体会议通过)。
② 王奕:《人文社会科学学术期刊评价指标体系研究多元开放的新思路》,《图书馆学刊》2010年第11期。
③ 矢强、蔡蓉华、何峻主编:《中文核心期刊要目总览(2011年版)》,北京大学出版社2011年版。

提供有价值的参考依据"。《要目总览》对期刊出版属性的限制较小，学术性、政论性、科普性等期刊均是其遴选对象，来源期刊涵盖自然科学和人文社会科学两大领域，其中将人文社会科学期刊划分为52个类别。"载文量""文摘量""被引量""他引量""被索量""被摘量""被摘率""被重要检索系统收录""基金论文比""Web下载量"是其采用的主要定量指标。《要目总览》的定性评价团队以具有正高职称的学者为主，专家评审时主要是调整学科核心期刊排序、增补期刊进核心期刊表和修改学科核心期刊数量，核心期刊名单最终由评价项目组决定。

（二）《中文社会科学引文索引》

《中文社会科学引文索引》（Chinese Social Sciences Citation Index，简称CSSCI）源于1998年南京大学启动的"开发电子版中文社会科学引文索引"项目。自2000年开始公布年度CSSCI来源期刊目录，2008年起增设扩展版期刊目录，每年的目录略有差异。2014年度公布来源期刊533种，扩展版来源期刊189种，集刊145种。[①]

CSSCI主要研制目的是用来检索中文社会科学领域的论文收录和文献被引用情况，但目前来看，有较多研究机构直接将其来源期刊当作核心期刊使用，使其具有了检索与评价的双重功能。CSSCI以人文社会科学学术期刊为主要收录对象，以国家标准《学科分类与代码》为依据设置25个类别。通过"他引影响因子"和"总被引频次"两个定量指标初筛来源期刊名单后，交由其指导委员会采用总量控制、动态调整、高进低出、兼顾地区与学科平衡的原则筛选来源期刊，评审结果经过公示后向社会公布。

---

① 南京大学中国社会科学评价研究中心：《中国社会科学引文索引》，http://cssrac.nju.edu.cn，2014年11月12日。

(三)《中国人文社会科学核心期刊要览》

《中国人文社会科学核心期刊要览》(以下简称《期刊要览》)源自中国社会科学院图书馆主持的国家社会科学基金"九五"重点项目,该项目为评选"中国人文社会科学核心期刊"奠定了良好的基础。1999 年,中国社会科学院图书馆以合作方式开始人文社会科学引文库建设;2004 年,《期刊要览》面世,受到学界的广泛关注;2013 年,《期刊要览》第 3 版正式出版,遴选出人文社会科学核心期刊 484 种。

《期刊要览》的编制目的是为科研人员利用学术期刊、掌握学术资料,为图书馆期刊部门优选学术期刊提供参考。《期刊要览(2013 年版)》以学术期刊为评价对象,以《中国图书馆分类法》为期刊分类的主要依据,将人文社会科学期刊划分为 32 个类别。[①]《期刊要览(2013 年版)》主要使用五个定量评价指标遴选核心期刊,即"期刊总被引""期刊影响因子""转摘量与转摘率""基金论文比"和"综合刊学科核心指数"。在此基础上,以期刊主编、文摘编辑部专家和学科专家为主组成评审专家组,对期刊进行定性评价打分,结合定量指标打分情况,遴选出核心期刊。

(四)《中国学术期刊评价研究报告》

《中国学术期刊评价研究报告》(以下简称《期刊报告》)源于中国科学评价研究中心与武汉大学图书馆等合作开展的"中国学术期刊评价研究"项目。2009 年第一次发布结果,《期刊报告》第 3 版于 2013 年正式出版,遴选出人文社会科学权威期刊 119 种,核心期刊 357 种,扩展核心期刊 232 种。[②]

---

① 姜晓辉主编:《中国人文社会科学核心期刊要览(2013 年版)》,社会科学文献出版社 2014 年版。

② 邱均平等编著:《中国学术期刊评价研究报告(2013—2014)》,科学出版社 2013 年版。

《期刊报告》的研制目的是将评价管理与信息服务相结合，旨在为科研管理、图书情报工作、广大作者和读者提供参考。《期刊报告》以自然科学和人文社会科学领域的纯学术性期刊和半学术性期刊为评价对象，以国家标准《学科分类与代码》为依据将人文社会科学期刊设置成21个类别。主要以"基金论文比""总被引频次""影响因子""Web即年下载率""二次文献转载或收录"为定量指标进行评价，取定量指标排名前30%的期刊，请专家从"文章质量/作者构成""专家或读者使用、阅读情况""出版发行状况""编校质量"和"社会声誉"五个方面对期刊进行评价，综合定量定性打分后确定期刊等级。

这些期刊评价活动以利于图书馆工作、便于科研管理、方便读者使用为主要目的，以文献计量学三大经典理论为主要评价理论基础，以定量为主、定性为辅作为主要评价方法，对我国人文社会科学学术期刊进行评价。

（五） SCI、SSCI 与 A&HCI

提到期刊评价，就不能不提美国科技情报研究所（Information Sciences Institute，ISI）创办于1961年的《科学引文索引》（*Sciences Citation Index*，SCI），以及随后创办的《社会科学引文索引》（*Social Sciences Citation Index*，SSCI）和《艺术与人文引文索引》（*Arts & Humanities Citation Index*，A&HCI）。它们在我国有着重大影响。

这三大索引收录的期刊，主要运用引文数据分析和同行评议相结合的方法，综合评价期刊的学术价值。这三大索引已逐渐成为国际公认的反映基础学科研究水准的代表性工具，世界上大部分国家和地区的学术界将其收录的论文数量的多寡，看作一个国家的科学研究水平及其实力的指标之一。这三大索引遴选期刊的方法（如引文分析法）被广泛应用在期刊评价活动中，其采用的理论（如引文集中定律）成为期刊评价的理论基础，其发明的评价指标（如影响因子）成为评价期刊的主要定量指标，甚至被用作期刊评价的唯一指标。这三大索引在发挥期刊评价作用的同时，其负面影响也逐渐显现。《教育部关于进一步改进高等学校哲学社会科学研究评价的意见》（教社科〔2011〕4号）特别指出，要"正确认识《科学引文索引》（SCI）、《社会科学引文索引》（SSCI）、《艺术与人文引文索引》（A&HCI）、《中文社会科学引文索引》（CSSCI）等引文数据在科研评价中的作用，避免绝对化"①。

二 人文社会科学期刊评价存在的主要问题

虽然上述评价结果已经在科研管理、图书馆服务等方面发挥了积极作用，但无可回避的是，在评价理论、评价方法、评价程序及评价指标等方面仍然存在一定问题。

（一）评价活动中意识形态属性不突出

哲学社会科学具有鲜明的意识形态属性，必须始终坚持正确的政治方向和学术导向。期刊，特别是人文社会科学期刊，坚持正确的政治方向和学术导向是毋庸置疑的。在现有的期刊评价活动中，期刊的学术性得到充分强调，但期刊的政治方向和价值导向却很少提及，未明确设立意识形态属性的评价指标，未旗帜鲜明地强调人文社会科学期刊的意识形态属性。

（二）评价活动的公开、公平、公正性有待提高

目前，各评价机构除公布最终的评价结果外，均会不同程度

---

① 中华人民共和国教育部：《教育部关于进一步改进高等学校哲学社会科学研究评价的意见》，2011年11月7日，http://www.moe.edu.cn/publicfiles/business/htmlfiles/moe/A13_zcwj/201111/126301.html，2014年11月12日。

地公布其评价采用的指标、评价指标的算法、专家打分的方式及权重等内容,但是其采用的原始评价数据基本不公开,数据透明度不高。这样一来,评价数据是否准确就无从考证,对评价机构的评价活动进行监督也就无从谈起。由于学科差异的存在,对不同学科期刊采用不同的评价方式或评价指标进行评价是恰当的,但是对于同一学科的期刊采用不同的评价方法进行评价却是欠妥的,评价的公平性受到挑战。整个评价活动是如何运行的,如何保证评价活动的公正性,也是需要考虑的问题。

(三) 定性评价方法的运用方式有待商榷

现有的期刊评价方法,基本以定量定性相结合的综合评价方法为主,但定性方法运用的方式、发挥的作用还有较大改进的空间。有的仅对部分期刊实行专家定性评价,对于非专家打分的期刊而言,则完全靠定量指标对其进行评价。有的专家团队构成较为单一,这就不能充分反映专家、编辑、学生等不同群体的认知差异。有的评审专家数量较少,这就可能出现"长官意志""一言堂"等现象。从现有的定性评价方法看,即使专家对期刊进行了定性评价,其评价结果也往往是仅供参考,对整个评价所发挥的作用不大。

(四) 大数据环境下期刊评价理论建构不足

大数据环境下,学术交流的方式、交流的途径、交流的实效性已经发生了巨大变化,然而目前的期刊评价仍然以基于纸本期刊研究得出的布拉德福"文献集中离散定律"、加菲尔德"引文集中定律"和普赖斯"文献老化指数和引文峰值理论"为理论基础,这些理论在现有环境下的适用性有待验证。

文献集中离散定律是有应用条件和局限性的,该定律要求论文的学科、专业领域或课题范围划分得特别清楚,然而现在很多论文选题是跨学科的,甚至有时候很难判断一篇论文应该属于哪个学科。在跨学科研究越来越多的情况下，文献集中离散定律的适用性有待考证。纯网络学术期刊、开放获取期刊，以及学者的个人网站、博客等，已经成为学术交流的重要途径，引文集中现象是否依然存在？如果集中现象依然存在的话，是否仍然集中在期刊上，集中程度如何？都值得深入研究分析。随着网络的普及，学术传播的时效性大大加强，"预印本"等出版形式也不断涌现，这使得文献老化和引文峰值的出现速度都有了较大变化。面对新的环境，期刊评价的理论也应当适应新的变化，不断完善。

（五）指标设置上期刊发展导向性指标较少

现有的评价指标以"下载量""被引用次数""被转载情况"等刊出后出现的结果为主要评价内容，这导致部分期刊采取一些急功近利的方法，去过度追求刊出后的效果，甚至采用一些非常规手段提高指标值，而未真正去"苦练内功"，显然是本末倒置。评价是个指挥棒，如何合理设计评价指标，促使期刊在提高选题组稿能力、提升编校业务水平等方面下功夫，对促进期刊长期发展是很有必要的。然而，目前这种引导期刊注重自身发展的指标还较少，在指标设置时是需要注意的。

（六）评价人才队伍建设有待加强

党的十七届六中全会《中共中央关于深化文化体制改革、推动社会主义文化大发展大繁荣若干重大问题的决定》指出："推动社会主义文化大发展大繁荣，队伍是基础，人才是关键。"[①]随着期刊数量的增加、传播方式的转变、学科的融合与分化，期

---

① 《中共中央关于深化文化体制改革、推动社会主义文化大发展大繁荣若干重大问题的决定》（2011年10月18日中国共产党第十七届中央委员会第六次全体会议通过）。

刊评价对评价主体，即评价活动实施人员提出了挑战。一个稳定的人才队伍，有利于评价活动的持续开展；一个开放的人才队伍，有利于新思想、新方法的引入；一个不同学科背景的人才队伍，有利于掌握不同学科的细微差异；一个年龄层次分明的人才队伍，有利于评价理念、方法的传承；一个业务水平梯队合理的队伍，有利于团队的分工合作。然而，现有的评价人才队伍在总量上稍显不足，学科背景略显单一，团队稳定性还有待提高，人才梯队还有待建设。

三　人文社会科学期刊评价实施对策与建议

（一）明确设置意识形态属性评价指标，提高编辑人员政治意识和政治把关能力

为保证人文社会科学期刊正确的政治方向和价值导向，可明确设立具有意识形态属性的评价指标，如明确将"政治方向""价值导向"列为评价指标。关于意识形态属性指标的作用和地位，我们认为，意识形态指标应该具有一票否决权。但这也是期刊出版后的事后评价，要想确保人文社会科学期刊始终坚持正确的政治方向和价值导向，提高期刊编辑的政治意识和政治把关能力是根本所在。

期刊编辑的政治意识是指期刊编辑人员在编辑活动中对政治现象、政治本质、政治思想、政治观点以及政治制度的态度和评价。[①] 期刊编辑的政治把关能力，就是指其把握价值导向和出版方向的能力。在期刊出版实践中，期刊编辑人员必须坚持马克思主义新闻出版观，在选题环节和审稿环节把好政治关，这才是期刊出版工作健康发展的重要前提与根本保证。

---

① 陈洛：《期刊编辑的政治意识刍议》，《广西教育学院学报》2012年第2期。

（二）坚持以"公开、公平、公正"为评价行为准则，增加监督机制

评价机构应以"公开、公平、公正"为行为准则，通过将指标体系以及原始数据公开，接受社会监督，以保障评价活动的公平性，确保评价结果的公正性。增加国家监督机制，将期刊评价提升到国家层面上来，由相应的行政机关实行监督职责。增加社会监督机制，接受社会组织、社会舆论及人民群众的直接监督。建立申诉制度，包括期刊的申诉制度和评价机构的申诉制度，保障评价客体与评价主体的正当权益。

（三）改进定性评价方式，提高其对评价结果的影响

目前的期刊评价活动中，定性评价方式以专家评议为主。在此基础上，完善现有的专家评议方式方法是有效可行的。首先，对评价专家的构成进行调整，吸收学科专家、编辑专家、重点读者乃至行政机关工作人员等各层面人员到评价专家队伍中来，以使评价专家的意见基本代表所有群体的意见。其次，增加评价专家的数量，以避免"一言堂"现象的出现。再次，改进评价方法，采用信息技术手段，方便专家对期刊进行评价。最后，重视专家评议结果，提高定性评价在评价活动中的作用。

（四）借鉴其他学科相关理论，弥补现有期刊评价理论的不足

面对原有期刊评价理论有待验证这一事实，一方面我们要积极探索原有期刊评价理论的修订方案；另一方面我们也要积极融合价值理论、认知理论以及计量学理论、信息管理理论、比较与分类理论、系统学理论等，发展新的期刊评价理论，弥补现有期刊评价理论的不足。

（五）完善期刊评价指标体系，适应信息环境下的期刊评价

在继承发展的基础上，构建基于多学科综合交叉、开放动

态、系统完整，以及具有中国特色的人文社会科学期刊评价理论框架与支撑体系。指标的设置不仅要增加"期刊开放获取情况""期刊网站信息化建设"等针对新传播方式进行评价的指标，而且要增加"期刊审稿制度""期刊编辑队伍水平"等有利于期刊"修炼内功"，长期发展的评价指标。

（六）加强人才队伍的培养，不断提高评价业务水平

评价人才队伍建设的首要任务是吸引人才，将图书情报学、统计学、计算机科学及哲学、经济学等不同学科背景的人才通过甄选吸引到评价队伍中来，组建成分工合理，团结的、开放的、有创新性的评价人才队伍。其次是培养人才，通过外出学习、内部交流等形式提升评价人员的能力，以便更出色地完成评价工作。再次是使用人才，构建每一个人才施展自己特长、发挥自己优势的平台，以人为本，强调团队的整体协同，信任每一个人才，并在受控的情况下充分授权。最后是激励人才，通过建立奖惩制度、开通晋升通道等方式激励人才，激发人才的积极性。

人文社会科学期刊评价体系的改革，要坚持以马克思主义为指导，以服务中国特色社会主义为旨归，以推动理论创新、学术繁荣为职责，以增强中国学术话语权为追求，以构建具有鲜明中国特色的人文社会科学期刊评价体系为己任，以推出能体现中国立场、中国精神、中国水平的研究成果为目的，向着更规范、更科学、更公平的方向前进。

第二部分

中国人文社会科学期刊综合评价指标体系

中国社会科学院在2013年12月26日正式成立中国社会科学评价中心（简称评价中心）。其宗旨为：进一步推进哲学社会科学创新工程；构建中国社会科学权威评价体系；占领社会科学评价的研究制高点；引领我国哲学社会科学发展走向；搭建国际化学术交流平台；参与全球学术评价标准的制定；掌握学术评价话语权。评价中心下设5个机构，分别是综合服务部、机构评价项目部（全球核心智库评价项目部）、期刊及成果评价项目部、评价数据项目部和《中国社会科学评价报告》编辑部。

中国人文社会科学期刊评价项目随着评价中心的成立而启动。到目前为止，评价中心已经完成"中国人文社会科学期刊综合评价指标体系"的设计工作，并将该指标体系运用到了实践中，对我国人文社会科学领域的733种期刊进行了评价。

一　中国人文社会科学期刊综合评价模型

人文社会科学期刊评价主要从吸引力、管理力和影响力三个层次对期刊进行评价，中国人文社会科学期刊评价模型如图1所示。

吸引力（Attraction Power）：指评价客体的外部环境，良好的外部环境能够吸引更多的资源，提升评价客体的吸引力。

管理力（Management Power）：指评价客体管理者管理评价客

体的能力,促进评价客体发展的能力。

影响力(Impact Power):是评价客体实力的直接表现,是吸引力和管理力水平的最终体现。

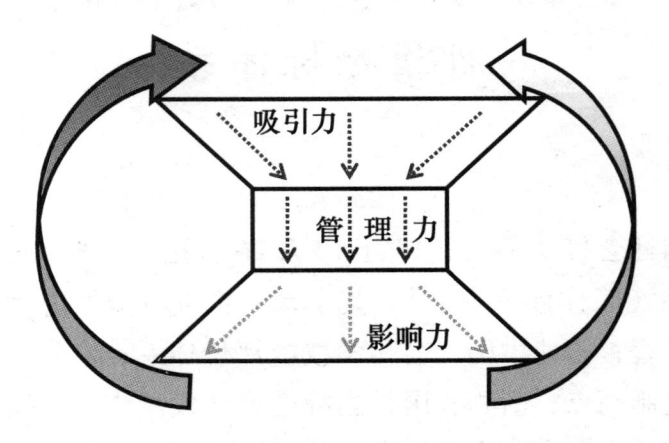

图 1 中国人文社会科学期刊综合评价模型

二 中国人文社会科学期刊综合评价指标体系

综合评价指标体系由五级指标构成,其中一级指标3个,二级指标12个,三级指标36个。综合评价指标体系的总分值为208分,其中一级指标"吸引力"的分值为83.5分,"管理力"的分值为39.5分,"影响力"的分值为85分。

表1 中国人文社会科学期刊综合评价体系指标说明

一级指标	二级指标	三级指标	四级指标	五级指标	指标说明
吸引力（83.5分）	学术声誉（64分）	国家级奖励（8分）	出版政府奖（5分）	出版政府奖或提名奖	期刊获得中国出版政府奖（中国出版政府奖是我国新闻出版领域的最高奖，每三年评选一次，旨在表彰和奖励国内新闻出版业的优秀出版物、出版单位和个人）
			国家社科基金资助期刊（3分）		期刊受国家社科基金资助出版
		省部级奖励（1分）	国家新闻出版广电总局奖励（1分）	百强社科期刊	期刊被国家新闻出版广电总局评为百强社科期刊
		期刊论文获奖（10分）	期刊论文获奖（10分）		期刊所载论文获得奖项
		同行评议（45分）	学科专家评议（18分）		学科专家、期刊编辑和普通读者对期刊学术性、创新性、规范性、社会声誉等方面进行打分
			期刊编辑评议（18分）		
			普通读者评议（9分）		

续表

一级指标	二级指标	三级指标	四级指标	五级指标	指标说明
	收录情况（8分）	《中国人文社会科学核心期刊要览》（2分）			期刊被《中国人文社会科学核心期刊要览》（中国社会科学院）收录
		《中文核心期刊要目总览》（2分）			期刊被《中文核心期刊要目总览》（北京大学）收录
		《中文社会科学引文索引》（2分）			期刊被《中文社会科学引文索引》（CSSCI）（南京大学）收录
		《中国学术期刊评价研究报告》（2分）			期刊被《中国学术期刊评价研究报告》（武汉大学）收录
	作者状况（2.5分）	作者机构分布广度（1.5分）			期刊当年发表论文所涉及的机构数量，可以反映出期刊稿源的机构分布情况

续表

一级指标	二级指标	三级指标	四级指标	五级指标	指标说明
		作者地区分布广度(1分)			期刊当年发表论文所涉及的地区数量，可以反映出期刊稿源的地区分布情况
		基金论文比(3分)	国家级		期刊当年发表论文中各类基金资助论文占全部论文的比例。该指标从一个侧面反映了期刊论文的预期价值
			省部级		
			其他		
	论文状况(9分)	论文下载(3分)	下载量		主要期刊数据库及期刊自身网站的论文下载量
			下载率		
			及时获取		开放获取期刊的内容需求及时更新
		开放获取(OA)情况(3分)	全文获取	全部全文	是期刊通过一刊单独上网、数刊联合上网、依托主办单位上网、依托学科信息网上网、在国内外出版商网络平台上网等方式免费提供论文全文的期刊。根据期刊提供OA论文的不同程度，分为全部OA和部分OA
				部分全文	
				无全文	

续表

一级指标	二级指标	三级指标	四级指标	五级指标	指标说明
管理力（39.5分）	导向管理（10分）	价值导向（10分）	方向性		期刊政治方向是否正确，价值观、是否倡导正确的价值观，是否传播先进的文化，是否有利于中国特色社会主义经济发展和社会进步等
			先进性		
		学术不端（最高0分）	交叉引用/交叉署名		（1）期刊编辑部门为提高学术影响力，采用不正当手段与其他学术刊物合谋，人为地增加互引数据、交叉署名等现象，以及变相买卖版面赚取非正常收入；（2）文章作者违背科学精神和职业道德剽窃他人研究成果、败坏学风等现象。此指标采用逐项扣分制，旨在引导研究人员遵守学术道德、履行学术规范
			变相买卖版面		
			抄袭剽窃		
			其他		
	编辑人员管理（6分）	业务水平（2分）	客观指标		编辑人员的学历、职称等
			主观指标		编辑人员的创新水平、敬业精神等
		表奖情况（2分）	领军人才		人员获奖等情况（包括全国新闻出版行业领军人才、中国出版政府奖优秀出版人物等）
			优秀人物		

续表

一级指标	二级指标	三级指标	四级指标	五级指标	指标说明
		编研结合（2分）			编辑人员的科研水平
	流程管理（18分）	评审规范（5分）	制度建设	匿名审稿	期刊制度建设是否得到重视，是否做到匿名评审、多级审稿（编辑部初审、副主编及外审专家复审、主编终审）等，以排除人为干扰因素，保证评审的客观公正
				多级审稿制度	
			执行情况	评审报告内部公开	
				评审报告社会公开	
		编辑规范（8分）	技术编辑规范		期刊字体大小是否合适、有无逆转页、栏目设置是否便于读者阅读等
			论文规范	中文题录信息完整	中文题录信息一般包含题名、作者、作者机构、摘要、关键词等，题录信息是一篇规范论文必不可少的重要信息。这里的题录信息完整指期刊的每一篇学术论文的题录均包含上述题录信息。笔谈等形式的论文除外

续表

一级指标	二级指标	三级指标	四级指标	五级指标	指标说明
		出版规范（5分）		英文题录信息完整	英文题录信息一般包含题名、作者、作者机构、摘要和关键词。这里的题录信息完整指期刊的每一篇学术论文的题录均包含上述题录信息。笔谈等形式的论文除外
				参考文献著录形式规范	期刊学术论文的注释、参考文献和页下注
				参考文献引用真实准确	期刊学术论文的信息准确是指引用的参考文献，包括期刊论文（如题名、刊名、作者、年、期）、专著（如题名、作者、出版社、出版年）、学位论文（如题名、作者、毕业院校）等涉及的多项信息是否与出处相符
			形式规范		包括如下项目的规范内容：国内统一连续出版物号（CN）、国际标准连续出版物号（ISSN）、广告经营许可证号、期刊条码、期刊名称、期刊主要责任单位（主管单位、主办单位、出版单位）、印刷发行单位、总编辑、期刊出版标识（期刊编号、刊期）、版权页和期刊标识性文字等

续表

一级指标	二级指标	三级指标	四级指标	五级指标	指标说明
	信息化管理（5.5分）	独立网站（1分）	周期规范		期刊编辑部是否做到按期出版，考察编辑部门的内部管理水平，不得随意增加增刊
			及时性		期刊有独立网站（由全文数据库网站提供的期刊网站不算，非独立法人可在二级域名下建立网站），且内容更新及时
			独立性		期刊有独立网站，但仅有介绍性内容
			无		期刊无独立网站
		在线稿件处理系统（1.5分）			期刊编辑部通过在线投稿、审稿系统实现作者投稿与专家审稿的网络化。该指标旨在考察编辑部的信息化程度，以期望引导编辑部弥补传统投稿和审稿方式的不足，缩短出版周期，提高审稿效率，提升稿件质量以满足网络化环境下用户的需求
		刊网合一（3分）			纯电子（e-only）期刊

续表

一级指标	二级指标	三级指标	四级指标	五级指标	指标说明
影响力（85分）	学术影响力（48分）	影响因子（30分）	即年指标		期刊在统计年发表的论文在当年被引的次数与该期刊当年发表的论文数之比。这是一个表征期刊对研究问题的即时反应速度的指标，主要描述期刊当年发表的论文在当年被引用的情况
			两年影响因子		期刊在统计年前两年发表的论文在统计年被引的次数与该期刊前两年发表的论文数之比
			五年影响因子		期刊在统计年前五年发表的论文在统计年被引的次数与该期刊前五年发表的论文数之比
		论文转载量（10分）	中国社会科学文摘		期刊论文在统计时段内被四大文摘期刊摘转的次数
			新华文摘		
			高等学校文科学术文摘		
			人大报刊复印资料		

续表

一级指标	二级指标	三级指标	四级指标	五级指标	指标说明
		期刊与学科的关系指标（8分）	学科扩展指标		在统计源期刊范围内，引用该刊的期刊数量与其所在学科期刊全部数量之比；学科扩散指标=引用刊数/所在学科期刊数
			学科影响指标		期刊所在学科内，引用该刊的期刊数占全部期刊数量的比例
	政策影响力（8分）	国家级（5分）			期刊论文对政策的影响程度
		省部级（3分）			
	社会影响力（15分）	网络显示度（5分）			通过网络上的众评反映期刊的网络传播力。该指标主要选取百度百科学术搜索的相关指标进行测算
		期刊组织专业会议（5分）			当年期刊组织的专业会议
		社会关系能力（5分）			名誉顾问、编委会成员等关系网络图

续表

一级指标	二级指标	三级指标	四级指标	五级指标	指标说明
	国际影响力（14分）	编委国际化（2分）			
		作者国际化（2分）			
		国际引用指数（5分）			从论文引证分析的角度，调查和反映我国学术期刊国际传播的状况和效果。
		国际检索系统收录（5分）			

三 中国人文社会科学期刊综合评价指标体系（2014年试用版）

为对我国人文社会科学期刊进行评价，也进一步检验中国人文社会科学期刊综合评价指标体系的科学性与适用性，特制定了"中国人文社会科学期刊综合评价指标体系（2014年试用版）"（简称"评价指标体系2014试用版"）。评价指标体系2014试用版是中国人文社会科学期刊综合评价指标体系的子类，因为部分指标难以获取等原因，选取了其中的大部分指标作为2014试用版指标，依此对我国的人文社会科学期刊进行评价。评价指标体系2014试用版的一级指标"吸引力"的分值为80.5分，"管理力"的分值为15.5分，"影响力"的分值为53分，总分值为149分，比全部评价指标体系总分值少59分。

表2 中国人文社会科学期刊综合评价体系（2014年试用版）指标说明

一级指标	二级指标	三级指标	四级指标	五级指标
吸引力（80.5分）	学术声誉（64分）	国家级奖励（8分）	出版政府奖（5分）	出版政府奖（5分）或提名奖（3分）
			国家社科基金资助期刊（3分）	资助期刊
			国家新闻出版广电总局奖励（1分）	百强社科期刊
		省部级奖励（1分）		
		期刊论文获奖（10分）	期刊论文获奖（10分）	分别是：高等学校科学研究优秀成果奖（人文社会科学）、中国社会科学院优秀科研成果奖、吕叔湘语言学奖、北京大学王力语言学奖、钱端升法学奖、浦山中银世界经济学优秀论文奖、冶方经济科学奖、全国商务发展研究成果奖、张培刚发展经济学成果奖、全国人口科学优秀成果奖。一等奖1分，二等奖0.5分，三等奖0.3分。最高封顶10分。

续表

一级指标	二级指标	三级指标	四级指标	五级指标
		同行评议（45分）	学科专家评议（18分）	学术性、创新性、规范性、社会声誉
			期刊编辑评议（18分）	
			普通读者评议（9分）	
	收录情况（8分）	《中国人文社会科学核心期刊要览》（2分）		
		《中文核心期刊要目总览》（2分）		
		《中文社会科学引文索引》（2分）		
		《中国学术期刊评价研究报告》（2分）		
	作者状况（2.5分）	作者机构分布广度（1.5分）		

续表

一级指标	二级指标	三级指标	四级指标	五级指标
管理力（15.5分)	论文状况（6分）	作者地区分布广度（1分）		
		基金论文比（3分）	国家级	
			省部级	
			其他	
		开放获取情况（3分）	及时获取（1分）	
			全文获取（2分）	全部全文
				部分全文
				无全文
	导向管理（0分）	学术不端（最高0分）	交叉引用/交叉署名（-5分）	
			变相买卖版面（-5分）	
			抄袭剽窃（-5分）	

续表

一级指标	二级指标	三级指标	四级指标	五级指标
	流程管理（13分）	评审规范（5分）	其他（-5分）	
			制度建设（2.5分）	匿名审稿 多级审稿制度
			执行情况（2.5分）	评审报告内部公开 评审报告社会公开
		编辑规范（8分）	技术编辑规范（3分）	中文题录信息完整 英文题录信息完整 参考文献著录形式规范 参考文献引用真实准确
			论文规范（5分）	
	信息化管理（2.5分）	独立网站（1分）	及时性（0.5分）	
			独立性（0.5分）	
		在线稿件处理系统（1.5分）		

续表

一级指标	二级指标	三级指标	四级指标	五级指标
影响力（53分）	学术影响力（48分）	影响因子（30分）	即年指标（10分）	
			两年影响因子（10分）	
			五年影响因子（10分）	
		论文转载量（10分）	中国社会科学文摘（3.5分）	
			新华文摘（3.5分）	
			高等学校文科学术文摘（2分）	
			人大报刊复印资料（1分）	
		期刊与学科的关系指标（8分）	学科扩展指标（4分）	
			学科影响指标（4分）	
	社会影响力（5分）	网络显示度（5分）	国内外主要学术搜索的显示状况	

四 中国人文社会科学期刊综合评价指标体系特点

中国人文社会科学期刊综合评价指标体系具有以下特点：

（1）强调学术性评价的同时，加入意识形态属性指标。虽然评价客体是学术期刊，但鉴于哲学社会科学的意识形态属性，人文社会科学学术期刊的政治方向、价值导向是非常重要的，所以该指标体系特别加入意识形态属性指标，以强调期刊意识形态的正确性。

（2）定性定量相结合，突出同行评议在评价中的作用。针对现有期刊评价中专家定性指标为辅的情况，该指标体系设计了学科专家、编辑专家与重点读者三个层面的专家定性评价指标，以期多层次、多视角地反映出不同群体对期刊的认知，增加同行评议在期刊评价中的作用。

（3）指标体系设计合理，更加契合期刊编辑出版流程。该指标体系分别从吸引力、管理力与影响力三个方面对期刊进行综合评价，特别是管理力指标突出了对期刊业务流程的评价，从而起到促进学术期刊强化内部管理、流程管理和人员管理等作用。

（4）评价打分具有延展性，引入扣分机制。目前，学术界存在诸多学术不端现象：有些论文作者违背科学精神和职业道德，剽窃他人研究成果，败坏学术风气；某些期刊编辑部为提高期刊的学术影响力，采取不正当手段互相引用、交叉署名；不以论文质量为标准，变相买卖版面。为此，该指标体系新设了"学术不端"指标，并引入扣分机制，将其设为扣分指标。

（5）重视刊物论文质量，推出以文评刊指标。该指标体系引入对期刊刊载论文质量的评价，从期刊论文获奖和论文引用文献规范性等方面进行评价，改变完全"以刊评文"的局面，督促期刊编辑部提高论文编校质量。

（6）关注期刊传播形式变化，将期刊网站建设、开放获取等情况纳入评价范围。纸质期刊受到数字媒体的冲击，面临如何简化业务流程、提高期刊管理力，增强与外界互动联系、扩大期刊影响力等诸多问题。所以，该指标体系与时俱进，引入了网站建设与稿件处理系统、开放获取等评价指标。下一步我们将更多地关注刊网融合的趋势，引导传统纸质期刊的转型升级，促使其获得更大的发展空间。

第三部分

2014 年中国人文社会科学期刊评价报告研制说明

一 学科划分与期刊归类

（一）学科分类的划分依据

本次人文社会科学期刊评价是以 2009 版国家标准《学科分类与代码》（GB/T 13745－2009）为主要分类依据，根据学科特点进行了适当调整，且考虑到综合期刊的特殊性，增加了"综合人文社会科学"类。因此，本次期刊评价将人文社会科学期刊划分为 23 个类别。

（二）期刊的学科归类方法

首先，根据期刊内容，参考《中国人文社会科学核心期刊要览（2013 版）》的期刊分类，将各期刊初步归入相应的类别中，如将《历史研究》归入历史学类中；其次请相关专家把关，核查分类中可能出现偏差的期刊，如《经济管理》归入经济学类还是入管理学类；最后与期刊编辑部联系，确认其期刊学科归类，如《经济管理》编辑部认为其应归入管理学类。

（三）期刊源的分学科分布

以中国社会科学院自建的《中国人文社会科学期刊引文数据库（CHSSCD）》期刊源为基础，对期刊源中期刊的更名、合并、停刊等情况进行处理，筛选确定出我国大陆地区发行的733种中文人文社会科学学术性期刊作为本次期刊评价的期刊源。将733种期刊源按照23个类别进行划分，得到学科分类期刊数量分布表，如表3所示。

表3　中国人文社会科学期刊评价学科分类表（按音序排列）

序号	学科	期刊数	序号	学科	期刊数
1	法学	32	13	统计学	4
2	管理学	25	14	图书馆、情报与档案学	31
3	环境科学	5	15	文学	24
4	教育学	33	16	心理学	7
5	经济学	109	17	新闻学与传播学	11
6	考古学	18	18	艺术学	16
7	历史学	32	19	语言学	32
8	马克思主义	14	20	哲学	15
9	民族学与文化学	27	21	政治学	68
10	人文地理学	12	22	宗教学	2
11	社会学	15	23	综合性人文社会科学	187
12	体育学	14	合计		733

二　期刊分级排序方法

本次评价按各期刊综合评价得分排序，并依次划分为四个等级。

（一）顶级期刊

期刊等级划分中的最高级别，不仅代表其所在学科的最高研究水平，也代表了我国人文社会科学学术研究的最高水平。划分方法是以综合评价打分排序为依据，根据期刊的学术水平及所在学科分类的期刊数量，确定每个学科的顶级期刊数量。坚持宁缺毋滥原则，每个学科最多1个顶级。

（二）权威期刊

期刊等级划分中的第二级别，是其所在学科的高水平期刊。划分方法是以综合评价打分排序为依据，根据期刊所在学科分类的期刊数量，确定每个学科的权威期刊数量。每个学科一般有1个权威，但不超过5个权威。

（三）核心期刊

期刊等级划分中的第三级别，能够代表其所在学科的研究水平。划分方法是以综合评价打分排序为依据，根据期刊所在学科分类的期刊数量，基于一定比例确定每个学科的核心期刊数量。

（四）扩展期刊

期刊等级划分中的最后级别，是其所在学科具有一定学术水平的期刊。划分方法是以综合评价打分排序为依据，将进入本次评价范围，但非顶级、权威、核心的期刊列为扩展期刊。每个学科的扩展期刊数量不限。

三 数据来源与采集时间

（一）数据来源

本次评价的数据来源主要由四部分构成：

1. 自主研发的数据库

（1）中国人文社会科学引文数据库（CHSSCD）。由中国社会科学院自主研制建设，包含700多种期刊自1999年至2014年共 15 年的期刊引文数据。

（2）中国人文社会科学论文摘转数据库。由中国社会科学院自主研制建设，包括《新华文摘》《中国社会科学文摘》《高等学校文科学术文摘》《人大报刊复印资料》及四十余种设有文摘栏目的重要学术刊物，自 2004 年至今的论文摘转数据。

2. 网络信息来源

通过访问期刊网站、机构网站等采集期刊"独立网站""在线投审稿""开放获取"等信息，通过百度等搜索引擎采集"网络显示度"等指标信息。

3. 期刊本身

通过到图书馆直接阅读的方式采集期刊印刷质量、阅读舒适程度（检查字体字号、栏数）等指标信息，通过下载期刊论文电子版的形式抽查期刊论文参考文献信息准确性等内容，然后进行指标打分。

4. 调研数据

以问卷调查、电话咨询、实地走访、专家座谈等形式采集"同行评议""匿名审稿""审稿流程"等指标的数据。

（二）采集时间

由于指标的计算方法不同，每个指标的采集时间亦有所不同。如"即年影响因子"由 CHSSCD 数据库 2013 年数据计算而得，"五年影响因子"由 CHSSCD 数据库 2009—2013 年数据计算而得出，"同行评议"指标问卷回收时间截止到 2014 年 11 月 15 日。

第四部分

2014 年中国人文社会科学期刊评价结果

一　总体情况

本次评价采用"中国人文社会科学期刊综合评价指标体系（2014 试用版）"，对 733 种中国人文社会科学学术期刊进行评价。综合评价后，共评出 17 种顶级期刊，40 种权威期刊，430 种核心期刊和 246 种扩展期刊。具体期刊等级分布情况如表 4 所示。

表 4　2014 年中国人文社会科学期刊评价等级分布表（按音序排列）

序号	学科	总数	顶级	权威	核心	扩展
1	法学	32	1	2	19	10
2	管理学	25	1	2	12	10
3	环境科学	5	0	1	3	1
4	教育学	33	1	2	20	10
5	经济学	109	1	3	63	42
6	考古学	18	1	2	9	6
7	历史学	32	1	2	21	8

续表

序号	学科	期刊数量				
		总数	顶级	权威	核心	扩展
8	马克思主义	14	1	2	8	3
9	民族学与文化学	27	1	2	15	9
10	人文地理学	12	0	1	7	4
11	社会学	15	1	2	6	6
12	体育学	14	0	1	7	6
13	统计学	4	0	1	2	1
14	图书馆、情报与档案学	31	1	2	16	12
15	文学	24	1	2	14	7
16	心理学	7	0	1	4	2
17	新闻学与传播学	11	1	1	5	4
18	艺术学	16	1	1	9	5
19	语言学	32	1	2	19	10
20	哲学	15	1	2	7	5
21	政治学	68	1	2	42	23
22	宗教学	2	0	0	2	0
23	综合性人文社会科学	187	1	4	120	62
	合计	733	17	40	430	246

二 分学科期刊评价结果

(一) 法学

该学科共收录32种期刊,其中:顶级期刊1种,权威期刊2种,核心期刊19种,扩展期刊10种。

序号	刊名	主办单位	吸引力	管理力	影响力	总得分	期刊级别
1	法学研究	中国社会科学院法学研究所	65.9409	13	14.9313	93.8722	顶级
2	中国法学	中国法学会	63.8709	12	17.6509	93.5218	权威
3	法学	华东政法大学	52.8646	12	13.5902	78.4548	权威
4	中外法学	北京大学	52.8623	11	13.3900	77.2523	核心
5	法制与社会发展	吉林大学	53.1447	12.5	9.1397	74.7844	核心
6	政法论坛	中国政法大学	51.6168	12	11.1671	74.7839	核心
7	法学家	中国人民大学	52.0097	11.5	10.5703	74.0800	核心
8	现代法学	西南政法大学	50.1500	13	9.0736	72.2236	核心
9	法商研究	中南财经政法大学	46.2204	10	13.1165	69.3369	核心
10	法律科学（西北政法大学学报）	西北政法大学	46.1323	11.5	10.1630	67.7953	核心
11	环球法律评论	中国社会科学院法学研究所	48.9677	11	7.4138	67.3815	核心

续表

序号	刊名	主办单位	吸引力	管理力	影响力	总得分	期刊级别
12	当代法学	吉林大学	44.0631	13	8.3850	65.4481	核心
13	知识产权	中国知识产权研究会	43.6575	13	8.0825	64.7400	核心
14	清华法学	清华大学	45.9208	12	6.1232	64.0440	核心
15	比较法研究	中国政法大学	43.7024	12	8.2218	63.9242	核心
16	法学评论	武汉大学	45.6524	8	10.0116	63.6640	核心
17	政治与法律	上海社会科学院法学研究所	45.6375	9	8.0151	62.6526	核心
18	法学论坛	山东省法学会	44.0684	10	8.3565	62.4249	核心
19	华东政法大学学报	华东政法大学	41.9947	11	7.9001	60.8948	核心
20	法学杂志	北京市法学会	41.5458	12	7.1799	60.7257	核心
21	河北法学	河北政法职业学院，河北省法学会	37.8714	12	7.8027	57.6741	核心

续表

序号	刊名	主办单位	吸引力	管理力	影响力	总得分	期刊级别
22	行政法学研究	中国政法大学	38.4094	12	6.3673	56.7767	核心
23	中国刑事法杂志	最高人民检察院检察理论研究所	38.6387	8	6.5325	53.1712	扩展
24	中国人民公安大学学报（社会科学版）	中国人民公安大学	35.6451	12.5	4.1601	52.3052	扩展
25	政法论丛	山东政法学院	35.1606	12	4.4094	51.5700	扩展
26	甘肃政法学院学报	甘肃政法学院	34.5990	11	5.0835	50.6825	扩展
27	国家检察官学院学报	国家检察官学院	32.9104	9	7.6131	49.5235	扩展
28	法律适用	国家法官学院	33.9907	8	6.4110	48.4017	扩展
29	河南财经政法大学学报	河南财经政法大学	31.8388	10	5.5714	47.4102	扩展
30	中国版权	中国版权保护中心	30.3645	8	2.2592	40.6237	扩展

续表

序号	刊名	主办单位	吸引力	管理力	影响力	总得分	期刊级别
31	江苏警官学院学报	江苏警官学院	27.8854	9.5	1.8775	39.2629	扩展
32	中国监狱学刊	中央司法警官学院	28.1278	9	0.9401	38.0679	扩展

(二) 管理学

该学科共收录25种期刊,其中:顶级期刊1种,权威期刊2种,核心期刊12种,扩展期刊10种。

序号	刊名	主办单位	吸引力	管理力	影响力	总得分	期刊级别
1	管理世界	国务院发展研究中心	63.8403	9	14.7479	87.5882	顶级
2	南开管理评论	南开大学商学院	53.7332	13.5	10.5526	77.7858	权威
3	管理学报	华中科技大学	51.3729	13.5	8.6495	73.5224	权威
4	中国行政管理	中国行政管理学会	53.2923	12.5	7.5264	73.3187	核心
5	会计研究	中国会计学会	51.6224	11	9.9862	72.6086	核心

续表

序号	刊名	主办单位	吸引力	管理力	影响力	总得分	期刊级别
6	中国软科学	中国软科学研究会	48.3785	12.5	10.7756	71.6541	核心
7	经济管理	中国社会科学院工业经济研究所	50.4523	12.5	8.1942	71.1465	核心
8	中国管理科学	中国优选法统筹法与经济数学研究会，中国科学院科技政策与管理科学研究所	51.3291	12.5	6.3182	70.1473	核心
9	科学学研究	中国科学学与科技政策研究会	45.5574	13.5	9.8060	68.8634	核心
10	管理科学学报	天津大学，国家自然科学基金委员会管理科学部	45.1048	14	7.9772	67.0820	核心

续表

序号	刊名	主办单位	吸引力	管理力	影响力	总得分	期刊级别
11	科研管理	中国科学院科技政策与管理科学研究所，中国科学学与科技政策研究会，清华大学技术创新研究中心	45.5765	12.5	8.6994	66.7759	核心
12	中国科技论坛	中国科学技术发展战略研究院	45.7660	13.5	6.6417	65.9077	核心
13	软科学	四川省科技促进发展研究中心	48.3804	11	6.2567	65.6371	核心
14	科技进步与对策	湖北省科技信息研究院	45.6250	12.5	6.4130	64.5380	核心
15	管理工程学报	浙江大学	45.7977	10	6.3890	62.1867	核心
16	科学学与科学技术管理	中国科学学与科技政策研究会，天津市科学学研究所	41.8354	12	7.8322	61.6676	扩展

续表

序号	刊名	主办单位	吸引力	管理力	影响力	总得分	期刊级别
17	研究与发展管理	复旦大学	42.6474	12.5	6.0100	61.1574	扩展
18	预测	合肥工业大学预测与发展研究所	44.3466	10	5.7606	60.1072	扩展
19	科学管理研究	内蒙古自治区软科学研究会	40.4835	10	5.7110	56.1945	扩展
20	中国人力资源开发	中国人力资源开发研究会	39.4959	10.5	3.6865	53.6824	扩展
21	科学与社会	中国科学院科技政策与管理科学研究所	36.0640	12	4.8529	52.9169	扩展
22	管理现代化	中国管理现代化研究会	40.9982	7	3.0214	51.0196	扩展
23	技术经济与管理研究	山西省人民政府发展研究中心	37.0916	8	4.0286	49.1202	扩展
24	未来与发展	中国未来研究会	34.8027	11	2.8375	48.6402	扩展

续表

序号	刊名	主办单位	吸引力	管理力	影响力	总得分	期刊级别
25	社会科学管理与评论	中国社会科学院科研局	36.2817	9.5	2.1349	47.9166	扩展（已停刊）

(三) 环境科学

该学科共收录5种期刊，其中：顶级期刊0种，权威期刊1种，核心期刊3种，扩展期刊1种。

序号	刊名	主办单位	吸引力	管理力	影响力	总得分	期刊级别
1	中国人口·资源与环境	中国可持续发展研究会，山东省可持续发展研究中心，中国21世纪议程管理中心，山东师范大学	51.9086	11	10.2345	73.1431	权威
2	自然资源学报	中国自然资源学会	48.5479	12.5	6.9932	68.0411	核心
3	资源科学	中国科学院地理科学与资源研究所，中国自然资源学会	45.9643	11.5	9.0259	66.4902	核心

续表

序号	刊名	主办单位	吸引力	管理力	影响力	总得分	期刊级别
4	长江流域资源与环境	中国科学院资源环境科学与技术局,中国科学院武汉文献情报中心	45.4532	13.5	5.5798	64.5330	核心
5	环境保护	中国环境出版社	35.8940	8	4.6359	48.5299	扩展

（四）教育学

该学科共收录33种期刊，其中：顶级期刊1种，权威期刊2种，核心期刊20种，扩展期刊10种。

序号	刊名	主办单位	吸引力	管理力	影响力	总得分	期刊级别
1	教育研究	中央教育科学研究院	59.9515	11.5	12.5774	84.0289	顶级
2	北京大学教育评论	北京大学	53.5669	12	10.0774	75.6443	权威
3	高等教育研究	华中科技大学,中国高等教育学研究会	53.0103	11	6.6523	70.6626	权威

续表

序号	刊名	主办单位	吸引力	管理力	影响力	总得分	期刊级别
4	清华大学教育研究	清华大学	52.4171	11	6.8003	70.2174	核心
5	比较教育研究	北京师范大学	50.6455	10	5.4032	66.0487	核心
6	中国高教研究	中国高等教育学会	47.3419	11	5.7817	64.1236	核心
7	课程·教材·教法	人民教育出版社，课程教材研究所	46.9921	10	5.1672	62.1593	核心
8	中国教育学刊	中国教育学会	45.9162	11	5.2354	62.1516	核心
9	学位与研究生教育	国务院学位委员会	45.0953	12.5	3.5818	61.1771	核心
10	教育与经济	华中师范大学，中国教育经济学研究会	47.8373	10	3.3043	61.1416	核心
11	教育学报	北京师范大学	45.4793	10	5.5423	61.0216	核心
12	教育发展研究	上海市教育科学研究院，上海市高等教育学会	44.1434	9	7.2730	60.4164	核心

续表

序号	刊名	主办单位	吸引力	管理力	影响力	总得分	期刊级别
13	国家教育行政学院学报	国家教育行政学院	43.6077	12	4.2243	59.8320	核心
14	外国教育研究	东北师范大学	42.8105	12	4.8230	59.6335	核心
15	教育科学	辽宁师范大学	42.2950	10	7.1705	59.4655	核心
16	全球教育展望	华东师范大学	41.4151	12	6.0422	59.4573	核心
17	江苏高教	江苏教育报刊总社	42.9940	12	4.3577	59.3517	核心
18	中国特殊教育	中央教育科学研究所	41.9584	12	4.5121	58.4705	核心
19	高等工程教育研究	华中科技大学，中国工程院教育委员会，中国高等工程教育研究会，全国重点理工大学教学改革协作组	42.3992	9	6.0785	57.4777	核心
20	教育研究与实验	华中师范大学	41.6012	11.5	4.1234	57.2246	核心

续表

序号	刊名	主办单位	吸引力	管理力	影响力	总得分	期刊级别
21	教育学术月刊	江西省教育科学研究所，江西省教育学会	42.4969	10	4.5497	57.0466	核心
22	民族教育研究	中央民族大学	44.0389	10	1.9036	55.9425	核心
23	教育理论与实践	山西省教育科学研究院，山西省教育学会	40.2857	9.5	4.8111	54.5968	核心
24	高校教育管理	江苏大学	37.3740	13.5	3.5160	54.3900	扩展
25	高教发展与评估	武汉理工大学，中国交通教育研究会高教研究分会	37.3742	12	2.7947	52.1689	扩展
26	教育评论	福建省教育科学研究所，福建省教育学会	37.4903	9	3.8566	50.3469	扩展
27	贵州师范学院学报	贵州师范学院	28.2752	12	0.6042	40.8794	扩展

续表

序号	刊名	主办单位	吸引力	管理力	影响力	总得分	期刊级别
28	广东第二师范学院学报	广东第二师范学院	28.3144	11	0.5492	39.8636	扩展
29	渭南师范学院学报	渭南师范学院	26.9207	12	0.5915	39.5122	扩展
30	继续教育	总装备部继续教育中心	29.0895	8	2.1846	39.2741	扩展
31	江西教育学院学报	江西教育学院	28.0182	10	0.5259	38.5441	扩展
32	江苏第二师范学院学报	江苏第二师范学院	26.9719	9	1.4761	37.4480	扩展
33	河南教育学院学报（哲学社会科学版）	河南教育学院	27.0002	9	0.8738	36.8740	扩展

（五）经济学

该学科共收录109种期刊，其中：顶级期刊1种，权威期刊3种，核心期刊63种，扩展期刊42种。

序号	刊名	主办单位	吸引力	管理力	影响力	总得分	期刊级别
1	经济研究	中国社会科学院经济研究所	69.9552	13	32.0598	115.0150	顶级
2	世界经济	中国世界经济学会，中国社会科学院世界经济与政治研究所	59.9021	9	16.4822	85.3843	权威
3	中国工业经济	中国社会科学院工业经济研究所	57.4708	11	16.4167	84.8875	权威
4	金融研究	中国金融学会	57.3952	12.5	14.1808	84.0760	权威
5	经济学（季刊）	北京大学中国经济研究中心	47.5300	14	17.1338	78.6638	核心
6	数量经济技术经济研究	中国社会科学院数量经济与技术经济研究所	55.7885	13	9.7786	78.5671	核心
7	财经研究	上海财经大学	53.3600	13.5	9.4608	76.3208	核心

续表

序号	刊名	主办单位	吸引力	管理力	影响力	总得分	期刊级别
8	财贸经济	中国社会科学院财经战略研究院	52.9202	12.5	10.0884	75.5086	核心
9	经济学动态	中国社会科学院经济研究所	50.8061	11.5	10.1536	72.4597	核心
10	经济学家	西南财经大学，四川社会科学学术基金会（新知研究院）	50.8182	10.5	9.7691	71.0873	核心
11	国际金融研究	中国国际金融学会，中国银行股份有限公司	52.2188	10	8.6560	70.8748	核心
12	中国农村经济	中国社会科学院农村发展研究所	53.0300	9	8.6968	70.7268	核心
13	经济理论与经济管理	中国人民大学	48.7190	12.5	7.9382	69.1572	核心
14	经济评论	武汉大学	47.3318	13.5	7.8470	68.6788	核心
15	改革	重庆社会科学院	47.5841	11	10.0229	68.6070	核心

续表

序号	刊名	主办单位	吸引力	管理力	影响力	总得分	期刊级别
16	经济科学	北京大学	47.5162	12	8.6399	68.1561	核心
17	经济社会体制比较	中共中央编译局	48.5544	10	9.5326	68.0870	核心
18	财经问题研究	东北财经大学	48.8271	12	6.4268	67.2539	核心
19	国际经济评论	中国社会科学院世界经济与政治研究所	48.2941	9	9.9199	67.2140	核心
20	南开经济研究	南开大学经济学院	50.2932	9	7.8300	67.1232	核心
21	国际贸易问题	对外经济贸易大学	48.3433	10	8.4679	66.8112	核心
22	经济与管理研究	首都经济贸易大学	46.6647	12.5	5.0370	64.2017	核心
23	中央财经大学学报	中央财经大学	46.8106	10.5	6.1591	63.4697	核心
24	上海财经大学学报	上海财经大学	46.5371	11.5	5.0367	63.0738	核心
25	世界经济研究	上海社会科学院世界经济研究所	45.5781	9	7.8927	62.4708	核心

续表

序号	刊名	主办单位	吸引力	管理力	影响力	总得分	期刊级别
26	农业经济问题	中国农业经济学会，中国农业科学院农业经济研究所	42.8106	10.5	8.8202	62.1308	核心
27	证券市场导报	深圳证券交易所综合研究所	43.6335	13	5.4287	62.0622	核心
28	外国经济与管理	上海财经大学	43.3192	12.5	6.0103	61.8295	核心
29	财经科学	西南财经大学	44.6984	10	6.7201	61.4185	核心
30	审计研究	中国审计学会	46.2559	10	5.1276	61.3835	核心
31	保险研究	中国保险学会	44.8542	12.5	3.9603	61.3145	核心
32	中国农村观察	中国社会科学院农村发展研究所	44.9580	9	7.0674	61.0254	核心
33	当代经济科学	西安交通大学	41.4206	12.5	7.0055	60.9261	核心
34	财政研究	中国财政学会	45.1468	10	5.4257	60.5725	核心

续表

序号	刊名	主办单位	吸引力	管理力	影响力	总得分	期刊级别
35	当代财经	江西财经大学	43.7000	9	7.6912	60.3912	核心
36	财经论丛	浙江财经学院	40.2210	12.5	7.3744	60.0954	核心
37	中国经济问题	厦门大学经济研究所	43.9757	11.5	4.0615	59.5372	核心
38	宏观经济研究	国家发改委宏观经济研究院	43.4623	9	6.4336	58.8959	核心
39	中南财经政法大学学报	中南财经政法大学	41.4881	10.5	6.8017	58.7898	核心
40	经济经纬	河南财经政法大学	40.8878	12.5	5.1936	58.5814	核心
41	财经理论与实践	湖南大学	43.5074	10	4.9663	58.4737	核心
42	中国经济史研究	中国社会科学院经济研究所	46.1101	9	2.9703	58.0804	核心
43	中国土地科学	中国土地学会，中国土地勘测规划院	41.3812	11.5	5.1033	57.9845	核心

续表

序号	刊名	主办单位	吸引力	管理力	影响力	总得分	期刊级别
44	亚太经济	福建省社会科学院亚太经济研究所	43.6537	10	4.1807	57.8344	核心
45	河北经贸大学学报	河北经贸大学	40.0385	13	4.3411	57.3796	核心
46	商业经济与管理	浙江工商大学	39.3853	12.5	5.3290	57.2143	核心
47	农业技术经济	中国农业技术经济学会，中国农科院农业经济与发展研究所	39.4908	11	6.5559	57.0467	核心
48	经济纵横	吉林省社会科学院（社科联）	41.4000	9	6.5102	56.9102	核心
49	上海经济研究	上海社会科学院经济研究所	42.2347	9	5.6095	56.8442	核心
50	世界经济与政治论坛	江苏省社会科学院世界经济研究所	43.9460	9	3.7086	56.6546	核心
51	金融经济学研究	广东金融学院	41.7362	11.5	3.1946	56.4308	核心

续表

序号	刊名	主办单位	吸引力	管理力	影响力	总得分	期刊级别
52	税务研究	中国税务杂志社	43.4141	9	3.9617	56.3758	核心
53	国际商务（对外经济贸易大学学报）	对外经济贸易大学	39.3033	12	4.8760	56.1793	核心
54	国际经贸探索	广东外语外贸大学	39.7626	12.5	3.8853	56.1479	核心
55	经济体制改革	四川省社会科学院	41.7511	9	5.2215	55.9726	核心
56	现代日本经济	吉林大学，中华全国日本经济学会	39.7369	9	7.2049	55.9418	核心
57	生态经济	云南教育出版社有限责任公司	42.1200	10	3.4407	55.5607	核心
58	北京工商大学学报（社会科学版）	北京工商大学	38.1594	13	4.0557	55.2151	核心
59	经济问题	山西省社会科学院	39.4933	10	5.1496	54.6429	核心

续表

序号	刊名	主办单位	吸引力	管理力	影响力	总得分	期刊级别
60	经济问题探索	云南省发展和改革委员会，云南财贸学院	40.6434	8	5.4641	54.1075	核心
61	山西财经大学学报	山西财经大学	38.6955	9	6.2806	53.9761	核心
62	中国金融	中国金融出版社	42.6215	6	5.3496	53.9711	核心
63	中国流通经济	北京物资学院	37.0913	13	3.8041	53.8954	核心
64	企业经济	江西省社会科学院	39.4517	11	3.0036	53.4553	核心
65	金融论坛	中国城市金融学会，城市金融研究所	39.1347	10	3.9047	53.0394	核心
66	投资研究	中国建设银行股份有限公司，中国投资学会	37.4570	11	4.2177	52.6747	核心
67	上海金融	上海市金融学会	41.5734	8	3.0859	52.6593	核心

续表

序号	刊名	主办单位	吸引力	管理力	影响力	总得分	期刊级别
68	中国社会经济史研究	厦门大学历史研究所	41.8144	9	1.1250	51.9394	扩展
69	经济与管理评论	山东财经大学	36.9212	12	2.7830	51.7042	扩展
70	改革与战略	广西壮族自治区社会科学界联合会	36.4504	10.5	3.7980	50.7484	扩展
71	金融理论与实践	中国人民银行郑州中心支行，河南省金融学会	38.2560	9	3.4295	50.6855	扩展
72	首都经济贸易大学学报	首都经济贸易大学	37.4191	10	3.2551	50.6742	扩展
73	西安财经学院学报	西安财经学院	34.9123	13	2.7242	50.6365	扩展
74	农业现代化研究	中国科学院农业研究委员会，中国科学院亚热带农业生态研究所	35.1147	11.5	3.4572	50.0719	扩展

续表

序号	刊名	主办单位	吸引力	管理力	影响力	总得分	期刊级别
75	江西财经大学学报	江西财经大学	36.8105	9	4.2380	50.0485	扩展
76	云南财经大学学报	云南财经大学	37.1569	9	3.7571	49.9140	扩展
77	当代经济研究	吉林财经大学	37.6683	7	5.2123	49.8806	扩展
78	现代财经	天津财经大学	36.8275	9	3.9660	49.7935	扩展
79	经济研究参考	经济科学出版社	36.1259	9	4.6595	49.7854	扩展
80	商业研究	哈尔滨商业大学，中国商业经济学会	37.6358	7.5	4.5817	49.7175	扩展
81	西北农林科技大学学报（社会科学版）	西北农林科技大学	35.8171	11	2.6403	49.4574	扩展
82	金融与经济	江西省金融学会	36.2223	10	3.1905	49.4128	扩展

续表

序号	刊名	主办单位	吸引力	管理力	影响力	总得分	期刊级别
83	中国卫生经济	中国卫生经济学会，卫生部卫生经济研究所	34.7327	11.5	2.7950	49.0277	扩展
84	消费经济	湘潭大学，湖南商学院，湖南师范大学	36.8242	8.5	3.3266	48.6508	扩展
85	西部论坛	重庆工商大学	35.0679	10	3.1260	48.1939	扩展
86	国土资源科技管理	国土资源部科技与国际合作司，成都理工大学	34.6316	12	0.9423	47.5739	扩展
87	林业经济问题	中国林业经济学会，福建农林大学	35.9235	10	1.4467	47.3702	扩展
88	当代经济管理	石家庄经济学院	34.1527	10	2.8679	47.0206	扩展
89	国际商务研究（上海对外经贸大学学报）	上海对外经贸大学	34.2151	11	1.7557	46.9708	扩展

续表

序号	刊名	主办单位	吸引力	管理力	影响力	总得分	期刊级别
90	地方财政研究	辽宁省财政科学研究所，东北财经大学财税学院	34.5354	9	3.2698	46.8052	扩展
91	税务与经济	吉林财经大学	33.1145	9	4.0872	46.2017	扩展
92	开发研究	甘肃省社会科学院	35.7324	8	2.3855	46.1179	扩展
93	广东财经大学学报	广东财经大学	30.9705	11	4.0100	45.9805	扩展
94	新金融	交通银行股份有限公司	34.2250	9	2.6382	45.8632	扩展
95	贵州财经大学学报	贵州财经大学	31.1230	10	4.4942	45.6172	扩展
96	国际经济合作	商务部国际贸易经济合作研究院	33.8462	8	2.4950	44.3412	扩展
97	建筑经济	中国建筑学会，中国建筑设计研究院，亚太建设科技信息研究院	33.5332	8	2.1770	43.7102	扩展

续表

序号	刊名	主办单位	吸引力	管理力	影响力	总得分	期刊级别
98	中国发展	中国致公党中央委员会	30.7301	10	2.0608	42.7909	扩展
99	财务与金融	中南大学	29.7195	12	0.9865	42.7060	扩展
100	南京财经大学学报	南京财经大学	31.4122	9	1.7573	42.1695	扩展
101	生产力研究	中国生产力学会,山西省生产力学会,山西省政府经济研究中心	31.2902	7	3.5036	41.7938	扩展
102	中国钱币	中国钱币博物馆,中国钱币学会	29.8885	10.5	0.9755	41.3640	扩展
103	天津商业大学学报	天津商业大学	30.0001	10	1.3597	41.3598	扩展
104	财经理论研究	内蒙古财经大学	27.0372	12	1.1831	40.2203	扩展
105	中国资产评估	中国资产评估协会	31.1374	8	0.4705	39.6079	扩展

续表

序号	刊名	主办单位	吸引力	管理力	影响力	总得分	期刊级别
106	兰州商学院学报	兰州商学院	28.3517	9	1.5522	38.9039	扩展
107	古今农业	全国农业展览馆	28.4439	7	0.9353	36.3792	扩展
108	欧亚经济	中国社会科学院俄罗斯东欧中亚研究所	26.7274	8	1.0797	35.8071	扩展
109	石家庄经济学院学报	石家庄经济学院	25.4663	9	1.2124	35.6787	扩展

（六）考古学

该学科共收录 18 种期刊，其中：顶级期刊 1 种，权威期刊 2 种，核心期刊 9 种，扩展期刊 6 种。

序号	刊名	主办单位	吸引力	管理力	影响力	总得分	期刊级别
1	考古	中国社会科学院考古研究所	63.5973	10	7.9210	81.5183	顶级
2	考古学报	中国社会科学院考古研究所	57.1986	8	8.4588	73.6574	权威

续表

序号	刊名	主办单位	吸引力	管理力	影响力	总得分	期刊级别
3	文物	文物出版社	53.8146	10	8.7674	72.5820	权威
4	考古与文物	陕西省考古研究院	44.9584	10	6.6118	61.5702	核心
5	敦煌研究	敦煌研究院	44.5652	12	3.8517	60.4169	核心
6	江汉考古	湖北省文物考古研究所	36.0560	11	4.9218	51.9778	核心
7	东南文化	南京博物院	33.6243	10	6.4004	50.0247	核心
8	华夏考古	河南省文物考古研究院，河南省文物考古学会	33.7349	9	5.1668	47.9017	核心
9	敦煌学辑刊	兰州大学	33.0091	11	3.5137	47.5228	核心
10	中原文物	河南博物院	32.7072	9	5.0464	46.7536	核心
11	农业考古	江西省社会科学院	34.0584	9	3.1284	46.1868	核心

续表

序号	刊名	主办单位	吸引力	管理力	影响力	总得分	期刊级别
12	故宫博物院院刊	故宫博物院	32.3150	8	4.9020	45.2170	核心
13	南方文物	江西省文物考古研究所	28.5462	9	4.6355	42.1817	扩展
14	中国国家博物馆馆刊	中国国家博物馆	27.9495	9	4.8350	41.7845	扩展
15	北方文物	北方文物杂志社	27.9917	8	3.5632	39.5549	扩展
16	四川文物	四川省文物局	27.4779	7	4.7313	39.2092	扩展
17	文物春秋	河北省文物局	21.4799	8	4.1183	33.5982	扩展
18	文物世界	山西省文物局	21.0207	7	1.6722	29.6929	扩展

（七）历史学

该学科共收录32种期刊，其中：顶级期刊1种，权威期刊2种，核心期刊21种，扩展期刊8种。

序号	刊名	主办单位	吸引力	管理力	影响力	总得分	期刊级别
1	历史研究	中国社会科学院	62.2527	11	9.2661	82.5188	顶级
2	近代史研究	中国社会科学院近代史研究所	55.8230	11	6.7219	73.5449	权威
3	中国史研究	中国社会科学院历史研究所	56.0633	11	5.3508	72.4141	权威
4	世界历史	中国社会科学院世界历史研究所	54.6125	11	5.2624	70.8749	核心
5	史学月刊	河南大学,河南省历史学会	53.4239	8.5	6.1472	68.0711	核心
6	清史研究	中国人民大学清史研究所	51.6204	10.5	3.9390	66.0594	核心
7	当代中国史研究	当代中国研究所	49.3636	12	2.6017	63.9653	核心
8	史学理论研究	中国社会科学院世界历史研究所	48.2423	10.5	3.7849	62.5272	核心

续表

序号	刊名	主办单位	吸引力	管理力	影响力	总得分	期刊级别
9	中国边疆史地研究	中国社会科学院中国边疆史地研究中心	48.5153	10	3.6275	62.1428	核心
10	史学集刊	吉林大学	46.7826	10	4.4252	61.2078	核心
11	西域研究	新疆社会科学院	47.3606	11.5	2.2942	61.1548	核心
12	抗日战争研究	中国社会科学院近代史研究所，中国抗日战争史学会	46.5151	10	2.9615	59.4766	核心
13	史林	上海社会科学院历史研究所	43.8598	9	4.1675	57.0273	核心
14	中国农史	中国农业历史学会，中国农业科学院，南京农业大学中国农业遗产研究室	44.0357	9	3.3888	56.4245	核心
15	史学史研究	北京师范大学	44.9403	7	3.7904	55.7307	核心

续表

序号	刊名	主办单位	吸引力	管理力	影响力	总得分	期刊级别
16	文献	国家图书馆	41.4839	10	2.8805	54.3644	核心
17	安徽史学	安徽省社会科学院	42.1211	9	2.8609	53.9820	核心
18	中国历史地理论丛	陕西师范大学	40.5556	9	3.5995	53.1551	核心
19	历史档案	中国第一历史档案馆	40.6205	7	3.3734	50.9939	核心
20	历史教学	历史教学社	36.6839	10	3.8247	50.5086	核心
21	中国地方志	中国地方志指导小组办公室	36.7083	12	1.4378	50.1461	核心
22	民国档案	中国第二历史档案馆	39.7861	7	3.0406	49.8267	核心
23	中国科技史杂志	中国科学技术史学会，中国科学院自然科学史研究所	38.7544	8	2.3044	49.0588	核心
24	中国史研究动态	中国社会科学院历史研究所	38.9272	8	1.4256	48.3528	核心

续表

序号	刊名	主办单位	吸引力	管理力	影响力	总得分	期刊级别
25	中国典籍与文化	全国高等院校古籍整理研究工作委员会	36.7663	8	1.3287	46.0950	扩展
26	华侨华人历史研究	中国华侨华人历史研究所	37.0152	7	1.7207	45.7359	扩展
27	古籍整理研究学刊	东北师范大学古籍整理研究所	36.4948	7	1.6590	45.1538	扩展
28	军事历史研究	南京政治学院上海分院	33.6664	8	1.2147	42.8811	扩展
29	海交史研究	中国海外交通史研究会，泉州海外交通史博物馆	32.3716	8	1.9004	42.2720	扩展
30	历史教学问题	华东师范大学	32.6453	7	1.6762	41.3215	扩展
31	文史杂志	四川省人民政府参事室，四川省人民政府文史研究馆	31.8548	7	2.3526	41.2074	扩展

续表

序号	刊名	主办单位	吸引力	管理力	影响力	总得分	期刊级别
32	贵州文史丛刊	贵州省文史研究馆	29.2358	9	1.2652	39.5010	扩展

(八) 马克思主义

该学科共收录 14 种期刊，其中：顶级期刊 1 种，权威期刊 2 种，核心期刊 8 种，扩展期刊 3 种。

序号	刊名	主办单位	吸引力	管理力	影响力	总得分	期刊级别
1	求是	中国共产党中央委员会	60.7545	8.5	11.4319	80.6864	顶级
2	马克思主义研究	中国社会科学院马克思主义研究院，马克思主义研究学部	59.4144	9	8.0226	76.4370	权威
3	中共党史研究	中共中央党史研究室	58.6743	11	5.4094	75.0837	权威
4	教学与研究	中国人民大学	52.0432	11	7.5848	70.6280	核心

续表

序号	刊名	主办单位	吸引力	管理力	影响力	总得分	期刊级别
5	马克思主义与现实	中共中央编译局马克思主义研究部	52.8496	9	8.7678	70.6174	核心
6	社会主义研究	华中师范大学	49.5365	10	6.3425	65.8790	核心
7	中国特色社会主义研究	北京市社会科学界联合会，北京市中国特色社会主义理论体系研究中心，北京市科学社会主义学会	50.4164	9	5.8626	65.2790	核心
8	科学社会主义	中国科学社会主义学会	47.7284	9	5.1751	61.9035	核心
9	国外理论动态	中共中央编译局	43.4138	10	6.7991	60.2129	核心
10	当代世界与社会主义	中共中央编译局马克思主义研究部，中国国际共运史学会	44.8958	8	6.7415	59.6373	核心

续表

序号	刊名	主办单位	吸引力	管理力	影响力	总得分	期刊级别
11	毛泽东邓小平理论研究	上海社会科学院，上海市中国特色社会主义理论体系研究中心	44.8222	8	4.8742	57.6964	核心
12	当代世界社会主义问题	山东大学当代社会主义研究所	40.0394	9	4.6709	53.7103	扩展
13	思想政治教育研究	哈尔滨理工大学	36.9042	12.5	2.1387	51.5429	扩展
14	毛泽东思想研究	四川省社会科学院，四川省社会科学界联合会	37.2039	9	2.9374	49.1413	扩展

（九）民族学与文化学

该学科共收录27种期刊，其中：顶级期刊1种，权威期刊2种，核心期刊15种，扩展期刊9种。

序号	刊名	主办单位	吸引力	管理力	影响力	总得分	期刊级别
1	民族研究	中国社会科学院民族学与人类学研究所	56.6700	9.5	7.7585	73.9285	顶级
2	中央民族大学学报（哲学社会科学版）	中央民族大学	53.2285	10	4.9359	68.1644	权威
3	西南民族大学学报（人文社会科学版）	西南民族大学	47.7296	13.5	6.2620	67.4916	权威
4	中南民族大学学报（人文社会科学版）	中南民族大学	47.8750	13.5	5.6847	67.0597	核心
5	广西民族大学学报（哲学社会科学版）	广西民族大学	48.8076	10.5	5.4074	64.7150	核心
6	广西民族研究	广西壮族自治区民族问题研究中心	48.4853	10	4.8581	63.3434	核心

续表

序号	刊名	主办单位	吸引力	管理力	影响力	总得分	期刊级别
7	中国藏学	中国藏学研究中心	47.3040	12	3.8699	63.1739	核心
8	世界民族	中国社会科学院民族学与人类学研究所	46.6709	11	3.8555	61.5264	核心
9	西北民族研究	西北民族大学	45.8876	7	4.5184	57.4060	核心
10	青海民族研究	青海民族大学民族学与社会学学院，青海民族大学民族研究所	41.2459	12	3.6968	56.9427	核心
11	云南民族大学学报（哲学社会科学版）	云南民族大学	42.0690	10	4.3077	56.3767	核心
12	贵州民族研究	贵州省民族研究院	41.3454	9	4.0435	54.3889	核心
13	中国文化研究	北京语言大学	41.8299	9	2.8730	53.7029	核心

续表

序号	刊名	主办单位	吸引力	管理力	影响力	总得分	期刊级别
14	民俗研究	山东大学	38.3178	9	5.3940	52.7118	核心
15	西藏研究	西藏社会科学院	39.2914	10	2.9127	52.2041	核心
16	回族研究	宁夏社会科学院	37.9338	11	1.8726	50.8064	核心
17	黑龙江民族丛刊	黑龙江省民族研究所	38.1449	8	3.5533	49.6982	核心
18	人类学学报	中国科学院古脊椎动物与古人类研究所	37.5272	10	2.0360	49.5632	核心
19	中华文化论坛	四川省社会科学院	38.4395	8	1.7794	48.2189	扩展
20	满族研究	辽宁省民族宗教问题研究中心	36.7196	9	1.8886	47.6082	扩展
21	西北民族大学学报（哲学社会科学版）	西北民族大学	34.9912	8	3.8828	46.8740	扩展
22	湖北民族学院学报（哲学社会科学版）	湖北民族学院	33.8281	9	3.3350	46.1631	扩展

续表

序号	刊名	主办单位	吸引力	管理力	影响力	总得分	期刊级别
23	西藏民族学院学报（哲学社会科学版）	西藏民族学院	30.8120	12	3.1486	45.9606	扩展
24	内蒙古民族大学学报（社会科学版）	内蒙古民族大学	33.8415	10	2.0402	45.8817	扩展
25	青海民族大学学报（社会科学版）	青海民族大学	30.9843	12.5	2.3783	45.8626	扩展
26	贵州民族大学学报（哲学社会科学版）	贵州民族大学	30.2514	13	2.1061	45.3575	扩展
27	文化学刊	辽宁社会科学院	31.9709	11	0.8871	43.8580	扩展

（十）人文地理学

该学科共收录12种期刊，其中：顶级期刊0种，权威期刊1种，核心期刊7种，扩展期刊4种。

序号	刊名	主办单位	吸引力	管理力	影响力	总得分	期刊级别
1	旅游学刊	北京联合大学旅游学院	49.8867	12.5	8.7595	71.1462	权威
2	经济地理	中国地理学会，湖南省经济地理研究所	44.3603	14	11.1030	69.4633	核心
3	人文地理	中国地理学会，西安外国语大学人文地理研究所	41.8803	14	7.8977	63.7780	核心
4	地理研究	中国科学院地理科学与资源研究所，中国地理学会	41.4080	12.5	8.8983	62.8063	核心
5	城市发展研究	中国城市科学研究会	43.5141	11	7.4307	61.9448	核心
6	地域研究与开发	河南省科学院地理研究所	40.0041	12.5	8.0291	60.5332	核心
7	城市规划	中国城市规划学会	39.7531	12	8.3678	60.1209	核心

续表

序号	刊名	主办单位	吸引力	管理力	影响力	总得分	期刊级别
8	城市规划学刊	同济大学	39.5505	12.5	7.0781	59.1286	核心
9	旅游科学	上海旅游高等专科学校	37.9553	14	5.4177	57.3730	扩展
10	城市问题	北京市社会科学院	41.4123	9	6.7816	57.1939	扩展
11	现代城市研究	南京城市科学研究会	36.4959	10.5	5.2687	52.2646	扩展
12	地理与地理信息科学	河北省科学院地理科学研究所	33.3077	9	6.3738	48.6815	扩展

（十一）社会学

该学科共收录15种期刊，其中：顶级期刊1种，权威期刊2种，核心期刊6种，扩展期刊6种。

序号	刊名	主办单位	吸引力	管理力	影响力	总得分	期刊级别
1	人口研究	中国人民大学	63.4437	12	16.1093	91.5530	顶级

续表

序号	刊名	主办单位	吸引力	管理力	影响力	总得分	期刊级别
2	社会学研究	中国社会科学院社会学研究所	59.0265	9	21.2951	89.3216	权威
3	中国人口科学	中国社会科学院人口与劳动经济研究所	62.6742	12.5	13.1201	88.2943	权威
4	社会	上海大学	58.5319	10	18.8157	87.3476	核心
5	人口与经济	首都经济贸易大学	50.3894	12.5	7.2948	70.1842	核心
6	人口学刊	吉林大学	51.3440	10	8.0485	69.3925	核心
7	青年研究	中国社会科学院社会学研究所	44.0036	11.5	7.5897	63.0933	核心
8	人口与发展	北京大学	46.2106	9	5.7358	60.9464	核心
9	妇女研究论丛	全国妇联妇女研究所，中国妇女研究会	42.7810	7	5.5365	55.3175	核心
10	南方人口	中山大学人口研究所	30.2527	11	6.5534	47.8061	扩展

续表

序号	刊名	主办单位	吸引力	管理力	影响力	总得分	期刊级别
11	当代青年研究	上海社会科学院青少年研究所	34.3963	9	3.1384	46.5347	扩展
12	西北人口	甘肃省人口和计划生育委员会，兰州大学，甘肃省统计局，甘肃省人口学会	30.3684	11	4.8886	46.2570	扩展
13	青年探索	广州市穗港澳青少年研究所	32.6014	9	4.3485	45.9499	扩展
14	青少年犯罪问题	华东政法大学	34.1753	8	2.9733	45.1486	扩展
15	中华女子学院学报	中华女子学院	32.3028	9.5	2.8982	44.7010	扩展

（十二）体育学

该学科共收录 14 种期刊，其中：顶级期刊 0 种，权威期刊 1 种，核心期刊 7 种，扩展期刊 6 种。

序号	刊名	主办单位	吸引力	管理力	影响力	总得分	期刊级别
1	体育科学	中国体育科学学会	58.1300	10	8.4114	76.5414	权威
2	体育学刊	华南理工大学，华南师范大学	50.0939	13.5	6.4335	70.0274	核心
3	中国体育科技	国家体育总局体育科学研究所	49.3401	13	6.4926	68.8327	核心
4	北京体育大学学报	北京体育大学	48.8924	12	6.1158	67.0082	核心
5	武汉体育学院学报	武汉体育学院	47.4666	12.5	6.2750	66.2416	核心
6	体育与科学	江苏省体育科学研究所	47.6618	12	6.3580	66.0198	核心
7	天津体育学院学报	天津体育学院	45.7038	13	6.2328	64.9366	核心
8	上海体育学院学报	上海体育学院	46.0982	10	6.5269	62.6251	核心
9	西安体育学院学报	西安体育学院	41.5245	9	6.0404	56.5649	扩展
10	成都体育学院学报	成都体育学院	40.6720	10.5	5.1649	56.3369	扩展

续表

序号	刊名	主办单位	吸引力	管理力	影响力	总得分	期刊级别
11	广州体育学院学报	广州体育学院	37.1315	11	4.9458	53.0773	扩展
12	沈阳体育学院学报	沈阳体育学院	35.2657	12	4.6990	51.9647	扩展
13	体育文化导刊	国家体育总局体育文化发展中心	35.0431	8	6.0131	49.0562	扩展
14	山东体育学院学报	山东体育学院	32.5517	11.5	4.9190	48.9707	扩展

（十三）统计学

该学科共收录4种期刊，其中：顶级期刊0种，权威期刊1种，核心期刊2种，扩展期刊1种。

序号	刊名	主办单位	吸引力	管理力	影响力	总得分	期刊级别
1	统计研究	中国统计学会，国家统计局统计科学研究所	55.3322	12.5	12.8518	80.6840	权威
2	数理统计与管理	中国现场统计研究会	45.8109	9	8.2598	63.0707	核心

续表

序号	刊名	主办单位	吸引力	管理力	影响力	总得分	期刊级别
3	统计与信息论坛	西安财经学院，中国统计教育学会高教分会	42.6179	12	8.4290	63.0469	核心
4	中国统计	中国统计出版社	34.7550	7	4.3607	46.1157	扩展

（十四）图书馆、情报与档案学

该学科共收录 31 种期刊，其中：顶级期刊 1 种，权威期刊 2 种，核心期刊 16 种，扩展期刊 12 种。

序号	刊名	主办单位	吸引力	管理力	影响力	总得分	期刊级别
1	中国图书馆学报	中国图书馆学会，国家图书馆	60.0858	13.5	17.5937	91.1795	顶级
2	图书情报工作	中国科学院文献情报中心	52.4753	11.5	9.1897	73.1650	权威
3	大学图书馆学报	北京大学，教育部高等学校图书情报工作指导委员会	52.8795	9	11.2119	73.0914	权威

续表

序号	刊名	主办单位	吸引力	管理力	影响力	总得分	期刊级别
4	情报学报	中国科学技术情报学会，中国科学技术信息研究所	51.0791	12	8.6999	71.7790	核心
5	图书情报知识	武汉大学	50.9684	10	8.6846	69.6530	核心
6	情报资料工作	中国人民大学	48.6687	11.5	8.9364	69.1051	核心
7	现代图书情报技术	中国科学院文献情报中心	47.4521	12.5	7.3146	67.2667	核心
8	图书馆杂志	上海市图书馆学会，上海市图书馆	44.7145	12.5	7.9077	65.1222	核心
9	档案学通讯	中国人民大学	50.0374	10	3.9971	64.0345	核心
10	图书与情报	甘肃省图书馆学会，甘肃省科技情报学会	43.2697	12	8.7164	63.9861	核心
11	图书馆论坛	广东省立中山图书馆	45.3484	10.5	7.8971	63.7455	核心

续表

序号	刊名	主办单位	吸引力	管理力	影响力	总得分	期刊级别
12	情报理论与实践	中国国防科学技术信息学会，中国兵器工业集团第210研究所	46.7406	8.5	7.6517	62.8923	核心
13	国家图书馆学刊	中国国家图书馆	44.9111	10.5	7.1859	62.5970	核心
14	图书馆建设	黑龙江省图书馆，黑龙江省图书馆学会	42.1536	13	7.2543	62.4079	核心
15	情报科学	中国科学技术情报学会，吉林大学	44.9593	9	7.0968	61.0561	核心
16	情报杂志	陕西省科学技术信息研究所	42.2144	10	7.6014	59.8158	核心
17	档案学研究	中国档案学会	48.3782	8	2.8833	59.2615	核心
18	图书馆	湖南省图书馆，湖南省图书馆学会	41.7659	9	7.2067	57.9726	核心

续表

序号	刊名	主办单位	吸引力	管理力	影响力	总得分	期刊级别
19	图书馆学研究	吉林省图书馆	42.6586	7.5	7.0723	57.2309	核心
20	图书馆工作与研究	天津市图书馆学会，天津图书馆，天津市少年儿童图书馆	41.3465	9	6.4558	56.8023	扩展
21	图书馆理论与实践	宁夏回族自治区图书馆学会，宁夏回族自治区图书馆	39.8158	11	5.7100	56.5258	扩展
22	现代情报	中国科技情报学会，吉林省科技信息研究所	36.2684	12.5	5.8692	54.6376	扩展
23	高校图书馆工作	湖南省高等学校图书情报工作委员会	36.1071	11.5	5.6521	53.2592	扩展
24	新世纪图书馆	江苏省图书馆学会，南京图书馆	33.8590	12.5	5.4943	51.8533	扩展

续表

序号	刊名	主办单位	吸引力	管理力	影响力	总得分	期刊级别
25	图书馆学刊	辽宁省图书馆学会，辽宁省图书馆	32.1494	11.5	5.4535	49.1029	扩展
26	四川图书馆学报	四川省图书馆学会	31.0971	9	4.5161	44.6132	扩展
27	图书馆研究	江西省图书馆学会，江西省图书馆	28.0858	11	4.3666	43.4524	扩展
28	山东图书馆学刊	山东省图书馆，山东省图书馆学会	29.7610	8	4.6825	42.4435	扩展
29	晋图学刊	山西省高等学校图书情报工作委员会，山西省图书馆	29.4806	8	4.2076	41.6882	扩展
30	河南图书馆学刊	河南省图书馆学会，河南省图书馆	29.7861	8	3.8270	41.6131	扩展
31	图书馆界	广西图书馆学会，广西壮族自治区图书馆	28.3930	8	4.3691	40.7621	扩展

(十五) 文学

该学科共收录24种期刊，其中：顶级期刊1种，权威期刊2种，核心期刊14种，扩展期刊7种。

序号	刊名	主办单位	吸引力	管理力	影响力	总得分	期刊级别
1	文学评论	中国社会科学院文学研究所	57.8594	9	9.1722	76.0316	顶级
2	文学遗产	中国社会科学院文学研究所	56.2307	12.5	5.2228	73.9535	权威
3	外国文学研究	华中师范大学	52.5193	13.5	3.4501	69.4694	权威
4	文艺理论研究	中国文艺理论学会，华东师范大学	52.3535	11.5	4.8383	68.6918	核心
5	外国文学评论	中国社会科学院外国文学研究所	52.8817	9	4.3990	66.2807	核心
6	中国现代文学研究丛刊	中国现代文学馆	49.8498	9	5.1817	64.0315	核心
7	民族文学研究	中国社会科学院民族文学研究所	48.2208	9	2.6068	59.8276	核心

续表

序号	刊名	主办单位	吸引力	管理力	影响力	总得分	期刊级别
8	国外文学	北京大学	47.4756	9	2.7035	59.1791	核心
9	中国比较文学	上海外国语大学，中国比较文学学会	41.6688	12	4.1286	57.7974	核心
10	红楼梦学刊	中国艺术研究院	46.3978	9	2.3147	57.7125	核心
11	当代作家评论	辽宁省作家协会	43.2152	8	6.3214	57.5366	核心
12	文艺理论与批评	中国艺术研究院	45.3916	9	2.8568	57.2484	核心
13	文艺争鸣	吉林省文学艺术界联合会	43.6264	8	5.0880	56.7144	核心
14	外国文学	北京外国语大学	44.1779	8	4.1724	56.3503	核心
15	当代文坛	四川省作家协会	43.0946	10	2.9714	56.0660	核心
16	明清小说研究	江苏省社会科学院文学研究所明清小说研究中心	39.9990	10	2.2797	52.2787	核心

续表

序号	刊名	主办单位	吸引力	管理力	影响力	总得分	期刊级别
17	鲁迅研究月刊	北京鲁迅博物馆	41.7483	7	2.3065	51.0548	核心
18	文艺评论	黑龙江省文学艺术界联合会	38.8201	9	2.3635	50.1836	扩展
19	中国文学研究	湖南师范大学	38.2030	9	2.8026	50.0056	扩展
20	俄罗斯文艺	北京师范大学	39.3554	9	1.5894	49.9448	扩展
21	小说评论	陕西省作家协会	39.4755	7	3.1335	49.6090	扩展
22	世界华文文学论坛	江苏省社会科学院	33.4943	8	0.8122	42.3065	扩展
23	杜甫研究学刊	四川省杜甫学会，成都杜甫草堂博物馆	31.9398	9	0.5192	41.4590	扩展
24	蒲松龄研究	蒲松龄纪念馆	31.4542	9	0.5756	41.0298	扩展

(十六) 心理学

该学科共收录7种期刊，其中：顶级期刊0种，权威期刊1

种，核心期刊 4 种，扩展期刊 2 种。

序号	刊名	主办单位	吸引力	管理力	影响力	总得分	期刊级别
1	心理学报	中国心理学会，中国科学院心理研究所	53.8361	11	19.6637	84.4998	权威
2	心理科学	中国心理学会	55.0936	12.5	7.5748	75.1684	核心
3	心理科学进展	中国科学院心理研究所	48.6346	11	9.5542	69.1888	核心
4	心理发展与教育	北京师范大学	45.1567	12	7.5347	64.6914	核心
5	中国心理卫生杂志	中国心理卫生协会	38.3463	13.5	6.1653	58.0116	核心
6	心理学探新	江西师范大学	33.7546	11	5.6750	50.4296	扩展
7	应用心理学	浙江省心理学会，浙江大学	33.4170	9	6.7664	49.1834	扩展

（十七）新闻学与传播学

该学科共收录 11 种期刊，其中：顶级期刊 1 种，权威期刊 1 种，核心期刊 5 种，扩展期刊 4 种。

序号	刊名	主办单位	吸引力	管理力	影响力	总得分	期刊级别
1	新闻与传播研究	中国社会科学院新闻与传播研究所	54.1301	9	8.0259	71.1560	顶级
2	国际新闻界	中国人民大学	50.8448	12	6.3525	69.1973	权威
3	现代传播（中国传媒大学学报）	中国传媒大学	50.2199	10.5	7.7968	68.5167	核心
4	中国科技期刊研究	中国科学院自然科学期刊编辑研究会，中国科学院文献情报中心	45.2679	12.5	5.7730	63.5409	核心
5	编辑之友	山西出版集团	42.3249	11.5	5.9175	59.7424	核心
6	编辑学报	中国科学技术期刊编辑学会	42.3374	9	6.3375	57.6749	核心
7	中国出版	中国新闻出版传媒集团	41.4597	9	5.9031	56.3628	核心
8	新闻大学	复旦大学	41.8162	8	6.4833	56.2995	扩展

续表

序号	刊名	主办单位	吸引力	管理力	影响力	总得分	期刊级别
9	出版发行研究	中国新闻出版研究院	41.7758	9	5.3347	56.1105	扩展
10	编辑学刊	上海市编辑学会，上海世纪出版集团	33.4495	8	3.5932	45.0427	扩展
11	中国广播电视学刊	中国广播电视协会	32.0453	7	3.3400	42.3853	扩展

（十八）艺术学

该学科共收录 16 种期刊，其中：顶级期刊 1 种，权威期刊 1 种，核心期刊 9 种，扩展期刊 5 种。

序号	刊名	主办单位	吸引力	管理力	影响力	总得分	期刊级别
1	文艺研究	中国艺术研究院	53.4946	9	8.8007	71.2953	顶级
2	中央音乐学院学报	中央音乐学院	54.7017	12	4.2346	70.9363	权威
3	音乐研究	人民音乐出版社	53.2119	8	4.3669	65.5788	核心

续表

序号	刊名	主办单位	吸引力	管理力	影响力	总得分	期刊级别
4	音乐艺术（上海音乐学院学报）	上海音乐学院	50.7888	11	3.0388	64.8276	核心
5	戏剧（中央戏剧学院学报）	中央戏剧学院	47.8716	12	4.6022	64.4738	核心
6	民族艺术	广西民族文化艺术研究院	50.2390	8	3.9922	62.2312	核心
7	电影艺术	中国电影家协会	45.8568	10	3.6097	59.4665	核心
8	中国音乐学	中国艺术研究院	48.1901	7	4.2602	59.4503	核心
9	黄钟（中国·武汉音乐学院学报）	武汉音乐学院	43.8890	12	3.0744	58.9634	核心
10	艺术百家	江苏省文化艺术研究院	45.8413	9	4.1201	58.9614	核心
11	中国音乐	中国音乐学院	44.3745	10	3.4907	57.8652	核心
12	人民音乐	中国音乐家协会	46.2355	8	3.3120	57.5475	扩展

序号	刊名	主办单位	吸引力	管理力	影响力	总得分	期刊级别
13	当代电影	中国电影艺术研究中心，中国传媒大学	44.3662	10	3.0140	57.3802	扩展
14	北京电影学院学报	北京电影学院	41.8761	11.5	2.2465	55.6226	扩展
15	美术研究	中央美术学院	44.9541	8	1.8964	54.8505	扩展
16	乐府新声（沈阳音乐学院学报）	沈阳音乐学院	36.2976	9	2.5572	47.8548	扩展

（十九）语言学

该学科共收录32种期刊，其中：顶级期刊1种，权威期刊2种，核心期刊19种，扩展期刊10种。

序号	刊名	主办单位	吸引力	管理力	影响力	总得分	期刊级别
1	中国语文	中国社会科学院语言研究所	66.0753	14	7.0777	87.1530	顶级
2	外语教学与研究	北京外国语大学	57.0786	12.5	7.9371	77.5157	权威

续表

序号	刊名	主办单位	吸引力	管理力	影响力	总得分	期刊级别
3	世界汉语教学	北京语言大学	52.7786	13	6.8417	72.6203	权威
4	当代语言学	中国社会科学院语言研究所	52.2886	13.5	6.6996	72.4882	核心
5	外国语（上海外国语大学学报）	上海外国语大学	53.5222	9	7.3504	69.8726	核心
6	语言科学	江苏师范大学语言研究所	51.8603	12	5.7330	69.5933	核心
7	现代外语	广东外语外贸大学	49.7336	12.5	6.5145	68.7481	核心
8	方言	中国社会科学院语言研究所	49.6028	13	4.5593	67.1621	核心
9	中国翻译	中国外文局对外传播研究中心，中国翻译协会	46.9352	11	6.7836	64.7188	核心
10	外语教学	西安外国语大学	45.3149	10.5	6.5539	62.3688	核心

续表

序号	刊名	主办单位	吸引力	管理力	影响力	总得分	期刊级别
11	语言研究	华中科技大学中国语言研究所	41.9906	12.5	6.1469	60.6375	核心
12	外语界	上海外国语大学	43.2054	11	6.2685	60.4739	核心
13	外语学刊	黑龙江大学	42.7483	12	5.4557	60.2040	核心
14	民族语文	中国社会科学院民族学与人类学研究所	45.8840	11	3.2475	60.1315	核心
15	语言教学与研究	北京语言大学	44.0919	10	5.9562	60.0481	核心
16	外语与外语教学（大连外国语学院学报）	大连外国语大学	45.7016	9	5.0108	59.7124	核心
17	外语研究	中国人民解放军国际关系学院	39.2237	12	5.9076	57.1313	核心

续表

序号	刊名	主办单位	吸引力	管理力	影响力	总得分	期刊级别
18	语言文字应用	教育部语言文字应用研究所	39.3775	12	5.5443	56.9218	核心
19	当代修辞学	复旦大学	40.4357	9	4.7076	54.1433	核心
20	解放军外国语学院学报	解放军外国语学院	40.1304	9	4.8755	54.0059	核心
21	汉语学习	延边大学	38.6981	10	4.8909	53.5890	核心
22	西安外国语大学学报	西安外国语大学	37.5590	10	4.0842	51.6432	核心
23	语文研究	山西省社会科学院	36.0376	8	6.2975	50.3351	扩展
24	中国科技翻译	中国科学院科技翻译工作者协会	34.0425	11	2.8055	47.8480	扩展
25	古汉语研究	湖南师范大学	36.3325	8	3.0363	47.3688	扩展
26	辞书研究	上海世纪出版股份有限公司·上海辞书出版社	35.4958	9	2.1705	46.6663	扩展

续表

序号	刊名	主办单位	吸引力	管理力	影响力	总得分	期刊级别
27	上海翻译	上海市科技翻译学会	34.9214	7	4.0471	45.9685	扩展
28	外国语文	四川外国语大学	31.8586	10	3.0377	44.8963	扩展
29	语言与翻译	语言文字工作委员会	31.9954	9	1.9910	42.9864	扩展
30	北京第二外国语学院学报	北京第二外国语学院	29.2347	10.5	3.0229	42.7576	扩展
31	中国韵文学刊	中国韵文学会，湘潭大学	30.7729	8	1.0411	39.8140	扩展
32	汉字文化	北京国际汉字研究会	28.9615	7	1.3822	37.3437	扩展

（二十）哲学

该学科共收录 15 种期刊，其中：顶级期刊 1 种，权威期刊 2 种，核心期刊 7 种，扩展期刊 5 种。

序号	刊名	主办单位	吸引力	管理力	影响力	总得分	期刊级别
1	哲学研究	中国社会科学院哲学研究所	60.1676	9	11.2906	80.4582	顶级
2	哲学动态	中国社会科学院哲学研究所	52.4737	9	7.6166	69.0903	权威
3	道德与文明	中国伦理学会，天津社会科学院	46.0837	12.5	4.5478	63.1315	权威
4	科学技术哲学研究	山西大学，山西省自然辩证法研究会	46.6598	13	3.4015	63.0613	核心
5	伦理学研究	湖南师范大学	47.5791	11	3.1526	61.7317	核心
6	现代哲学	广东哲学学会	44.4219	12	4.7357	61.1576	核心
7	世界哲学	中国社会科学院哲学研究所	46.0044	8	5.2693	59.2737	核心
8	自然辩证法研究	中国自然辩证法研究会	43.7922	8.5	5.8400	58.1322	核心

续表

序号	刊名	主办单位	吸引力	管理力	影响力	总得分	期刊级别
9	周易研究	山东大学，中国周易学会	44.4229	10	3.2212	57.6441	核心
10	中国哲学史	中国哲学史学会	43.6696	7	5.8148	56.4844	核心
11	孔子研究	中国孔子基金会	40.7531	8	4.2426	52.9957	扩展
12	自然辩证法通讯	中国科学院大学	37.0286	11	3.9181	51.9467	扩展
13	自然科学史研究	中国科学院自然科学史研究所，中国科学技术史学会	34.7561	9	1.9447	45.7008	扩展
14	管子学刊	齐文化研究院	31.4760	9	2.0746	42.5506	扩展
15	船山学刊	湖南省社会科学界联合会	31.5830	8	2.3725	41.9555	扩展

（二十一）政治学

该学科共收录68种期刊，其中：顶级期刊1种，权威期刊2种，核心期刊42种，扩展期刊23种。

序号	刊名	主办单位	吸引力	管理力	影响力	总得分	期刊级别
1	世界经济与政治	中国社会科学院世界经济与政治研究所	56.4848	11	9.5785	77.0633	顶级
2	当代亚太	中国社会科学院亚太与全球战略研究院，中国亚洲太平洋学会	50.3490	12.5	9.7239	72.5729	权威
3	政治学研究	中国社会科学院政治学研究所	53.8085	11	6.0554	70.8639	权威
4	国际问题研究	中国国际问题研究所	49.9519	13	6.7901	69.7420	核心
5	现代国际关系	中国现代国际关系研究院	52.0540	10	7.2799	69.3339	核心
6	欧洲研究	中国社会科学院欧洲研究所	52.2947	12	4.7893	69.0840	核心
7	外交评论	外交学院	49.8215	9	6.6234	65.4449	核心
8	国家行政学院学报	国家行政学院	48.2372	11	6.1626	65.3998	核心

续表

序号	刊名	主办单位	吸引力	管理力	影响力	总得分	期刊级别
9	中共中央党校学报	中共中央党校	50.8889	10.5	3.8543	65.2432	核心
10	美国研究	中国社会科学院美国研究所，中华美国学会	52.2240	9.5	3.4218	65.1458	核心
11	国际政治研究	北京大学	51.0798	9	3.6523	63.7321	核心
12	东北亚论坛	吉林大学	45.7910	12	5.9385	63.7295	核心
13	西亚非洲	中国社会科学院西亚非洲研究所	48.1270	11.5	2.8034	62.4304	核心
14	中国青年研究	中国青少年研究中心，中国青少年研究会	48.9518	9	3.8895	61.8413	核心
15	俄罗斯中亚东欧研究	中国社会科学院俄罗斯东欧中亚研究所	48.6416	9.5	2.9018	61.0434	核心

续表

序号	刊名	主办单位	吸引力	管理力	影响力	总得分	期刊级别
16	北京行政学院学报	北京行政学院	44.1802	12	3.7538	59.9340	核心
17	日本学刊	中国社会科学院日本研究所，中华日本学会	44.2377	10	5.0774	59.3151	核心
18	太平洋学报	中国太平洋学会	42.2314	13	3.8127	59.0441	核心
19	探索	中共重庆市委党校	45.1768	9	4.2247	58.4015	核心
20	俄罗斯研究	华东师范大学	41.5299	13.5	2.9712	58.0011	核心
21	上海行政学院学报	上海行政学院	42.5500	10	4.5100	57.0600	核心
22	理论探讨	中共黑龙江省委党校	43.6268	9	4.2591	56.8859	核心
23	东南亚研究	暨南大学东南亚研究所	44.2210	10	2.4073	56.6283	核心
24	求实	中共江西省委党校	42.4999	11	3.1056	56.6055	核心

续表

序号	刊名	主办单位	吸引力	管理力	影响力	总得分	期刊级别
25	国际论坛	北京外国语大学	42.0635	11	3.5365	56.6000	核心
26	党的文献	中共中央文献研究室，中央档案馆	45.5096	8	2.8586	56.3682	核心
27	中共浙江省委党校学报	中共浙江省委党校，浙江行政学院	41.2259	12.5	2.5493	56.2752	核心
28	南亚研究	中国社会科学院亚太与全球战略研究院，中国南亚学会	42.9231	11	2.2225	56.1456	核心
29	台湾研究集刊	厦门大学台湾研究院	40.1340	13	2.9153	56.0493	核心
30	拉丁美洲研究	中国社会科学院拉丁美洲研究所	43.1135	11	1.4763	55.5898	核心
31	新视野	中共北京市委党校，北京行政学院	42.8891	9	3.6173	55.5064	核心
32	江苏行政学院学报	江苏行政学院	41.3771	9	4.4051	54.7822	核心

续表

序号	刊名	主办单位	吸引力	管理力	影响力	总得分	期刊级别
33	理论与改革	中共四川省委党校	41.6120	9	3.2361	53.8481	核心
34	理论导刊	中共陕西省委党校	40.2229	11	2.4725	53.6954	核心
35	理论学刊	中共山东省委党校	42.5410	8	3.0413	53.5823	核心
36	台湾研究	中国社会科学院台湾研究所	38.8848	13	1.4816	53.3664	核心
37	国际观察	上海外国语大学	40.9516	8	4.2982	53.2498	核心
38	行政论坛	黑龙江省行政学院	40.0999	8	4.3989	52.4988	核心
39	中国青年政治学院学报	中国青年政治学院	41.7985	8	1.9915	51.7900	核心
40	中国高校社会科学	教育部高等学校社会科学发展研究中心	39.3479	10	2.2960	51.6439	核心
41	云南行政学院学报	云南行政学院	40.2600	9	2.1663	51.4263	核心
42	日本问题研究	河北大学	36.8442	13	1.5043	51.3485	核心

续表

序号	刊名	主办单位	吸引力	管理力	影响力	总得分	期刊级别
43	中共福建省委党校学报	中共福建省委党校	39.1247	9	2.4438	50.5685	核心
44	南京政治学院学报	中国人民解放军南京政治学院	36.9907	11	2.2810	50.2717	核心
45	德国研究	同济大学	38.9979	9	2.0242	50.0221	核心
46	广东行政学院学报	广东行政学院	38.3390	9	2.1727	49.5117	扩展
47	中国劳动关系学院学报	中国劳动关系学院	36.6258	11	1.5448	49.1706	扩展
48	天津行政学院学报	天津行政学院	35.7807	11	2.2971	49.0778	扩展
49	日本研究	辽宁大学日本研究所	37.7321	9	1.9587	48.6908	扩展
50	中共天津市委党校学报	中共天津市委党校	37.7325	9	1.9537	48.6862	扩展
51	南亚研究季刊	四川大学南亚研究所	37.1002	9	2.0930	48.1932	扩展
52	国际安全研究	国际关系学院	34.0625	12	2.0835	48.1460	扩展

续表

序号	刊名	主办单位	吸引力	管理力	影响力	总得分	期刊级别
53	中共宁波市委党校学报	中共宁波市委党校，宁波市行政学院，宁波市社会主义学院	33.8781	12.5	1.6352	48.0133	扩展
54	岭南学刊	中共广东省委党校	37.2675	9	1.7193	47.9868	扩展
55	中国井冈山干部学院学报	中国井冈山干部学院	34.4917	10	1.9310	46.4227	扩展
56	中共杭州市委党校学报	中共杭州市委党校，杭州行政学院	32.6120	12	1.0615	45.6735	扩展
57	长白学刊	中共吉林省委党校	35.3296	8	2.2749	45.6045	扩展
58	理论与现代化	天津市社会科学界联合会	32.7107	11	1.4330	45.1437	扩展
59	行政与法	吉林省行政学院	33.9669	9	1.7822	44.7491	扩展
60	甘肃理论学刊	中共甘肃省委党校	33.0556	8	1.6420	42.6976	扩展
61	外国问题研究	东北师范大学	31.7274	10	0.7711	42.4985	扩展

续表

序号	刊名	主办单位	吸引力	管理力	影响力	总得分	期刊级别
62	湖北行政学院学报	中共湖北省委党校，湖北省行政学院	33.1124	7	1.8805	41.9929	扩展
63	西伯利亚研究	黑龙江省社会科学院	31.6192	9	0.8027	41.4219	扩展
64	和平与发展	和平与发展研究中心	31.3939	7	2.1020	40.4959	扩展
65	攀登	中共青海省委党校，青海省行政学院，青海省社会主义学院	29.8560	10	0.6028	40.4588	扩展
66	中共山西省委党校学报	中共山西省委党校，山西行政学院	30.5342	8	1.0442	39.5784	扩展
67	中共云南省委党校学报	中共云南省委党校	31.4258	7	1.0764	39.5022	扩展
68	军队政工理论研究	中国人民解放军南京政治学院	29.6129	8	0.4086	38.0215	扩展

(二十二) 宗教学

该学科共收录 2 种期刊,其中:顶级期刊 0 种,权威期刊 0 种,核心期刊 2 种,扩展期刊 0 种。

序号	刊名	主办单位	吸引力	管理力	影响力	总得分	期刊级别
1	世界宗教研究	中国社会科学院世界宗教研究所	56.3012	9	8.2004	73.5016	核心
2	宗教学研究	四川大学道教与宗教文化研究所	49.3250	12	6.3521	67.6771	核心

(二十三) 综合性人文社会科学

该学科共收录 187 种期刊,其中:顶级期刊 1 种,权威期刊 4 种,核心期刊 120 种,扩展期刊 62 种。

序号	刊名	主办单位	吸引力	管理力	影响力	总得分	期刊级别
1	中国社会科学	中国社会科学院	73.8798	14	31.3806	119.2604	顶级
2	中国人民大学学报	中国人民大学	58.7453	12.5	10.6268	81.8721	权威

续表

序号	刊名	主办单位	吸引力	管理力	影响力	总得分	期刊级别
3	北京师范大学学报（社会科学版）	北京师范大学	59.0523	11.5	7.3242	77.8765	权威
4	北京大学学报（哲学社会科学版）	北京大学	56.5825	10.5	10.5335	77.6160	权威
5	清华大学学报（哲学社会科学版）	清华大学	56.2575	10	10.6481	76.9056	权威
6	华中师范大学学报（人文社会科学版）	华中师范大学	52.6539	12.5	10.4543	75.6082	核心
7	南京大学学报（哲学·人文科学·社会科学版）	南京大学	53.8896	10.5	11.2158	75.6054	核心
8	文史哲	山东大学	57.8605	10	7.2764	75.1369	核心
9	社会科学战线	吉林省社会科学院	56.8178	9	9.2328	75.0506	核心

续表

序号	刊名	主办单位	吸引力	管理力	影响力	总得分	期刊级别
10	复旦学报（社会科学版）	复旦大学	55.4977	11	8.3987	74.8964	核心
11	浙江大学学报（人文社会科学版）	浙江大学	53.4721	12.5	8.5828	74.5549	核心
12	学术月刊	上海市社会科学界联合会	53.5648	9	11.0515	73.6163	核心
13	社会科学	上海社会科学院	51.3436	10	12.0721	73.4157	核心
14	吉林大学社会科学学报	吉林大学	54.9625	9	7.3788	71.3413	核心
15	江苏社会科学	江苏社会科学杂志社	50.5557	13	6.8079	70.3636	核心
16	武汉大学学报（哲学社会科学版）	武汉大学	54.2066	12.5	3.5582	70.2648	核心
17	中山大学学报（社会科学版）	中山大学	52.2204	11.5	6.2976	70.0180	核心

续表

序号	刊名	主办单位	吸引力	管理力	影响力	总得分	期刊级别
18	求是学刊	黑龙江大学	49.6444	13.5	5.8348	68.9792	核心
19	江海学刊	江苏省社会科学院	48.9652	10.5	9.4797	68.9449	核心
20	社会科学研究	四川省社会科学院	48.7539	12	6.8909	67.6448	核心
21	华东师范大学学报（哲学社会科学版）	华东师范大学	50.1839	12.5	4.7374	67.4213	核心
22	学术研究	广东省社会科学界联合会	50.0137	9	8.3523	67.3660	核心
23	厦门大学学报（哲学社会科学版）	厦门大学	49.1086	11	6.0957	66.2043	核心
24	江汉论坛	湖北省社会科学院	47.2730	12	6.2236	65.4966	核心
25	南京社会科学	南京市社会科学界联合会,南京市社会科学院	48.1998	11	6.2846	65.4844	核心

续表

序号	刊名	主办单位	吸引力	管理力	影响力	总得分	期刊级别
26	学习与探索	黑龙江省社会科学院	49.2994	9	7.1527	65.4521	核心
27	国外社会科学	中国社会科学院信息情报研究院	49.2845	11.5	4.5083	65.2928	核心
28	东北师范大学学报（哲学社会科学版）	东北师范大学	49.0012	12.5	3.5006	65.0018	核心
29	南开学报（哲学社会科学版）	南开大学	49.6390	10	5.3155	64.9545	核心
30	贵州社会科学	贵州省社会科学院	45.5222	14	4.8003	64.3225	核心
31	开放时代	广州市社会科学院	42.0284	13	8.7074	63.7358	核心
32	浙江社会科学	浙江省社会科学界联合会	47.6941	10	5.9677	63.6618	核心
33	湖北大学学报（哲学社会科学版）	湖北大学	47.7115	12.5	3.3437	63.5552	核心
34	湖南师范大学社会科学学报	湖南师范大学	46.2978	12.5	4.7253	63.5231	核心

续表

序号	刊名	主办单位	吸引力	管理力	影响力	总得分	期刊级别
35	江西社会科学	江西省社会科学院	47.4801	10	5.7079	63.1880	核心
36	探索与争鸣	上海市社会科学界联合会	48.1019	8	6.5474	62.6493	核心
37	河北学刊	河北省社会科学院	45.2118	11	6.4351	62.6469	核心
38	山东大学学报（哲学社会科学版）	山东大学	47.8957	10.5	4.2383	62.6340	核心
39	山东社会科学	山东省社会科学界联合会	47.7030	9	5.7599	62.4629	核心
40	天津社会科学	天津社会科学院	48.0906	8	6.1945	62.2851	核心
41	陕西师范大学学报（哲学社会科学版）	陕西师范大学	47.0979	10	5.0849	62.1828	核心
42	思想战线	云南大学	46.8503	10	5.2542	62.1045	核心
43	兰州大学学报（社会科学版）	兰州大学	46.1879	13	2.7856	61.9735	核心

续表

序号	刊名	主办单位	吸引力	管理力	影响力	总得分	期刊级别
44	广东社会科学	广东省社会科学院	46.4127	10	5.0819	61.4946	核心
45	暨南学报（哲学社会科学版）	暨南大学	45.2175	12.5	3.7093	61.4268	核心
46	四川大学学报（哲学社会科学版）	四川大学	47.3421	10	4.0559	61.3980	核心
47	人文杂志	陕西省社会科学院	46.5230	9	5.4318	60.9548	核心
48	浙江学刊	浙江省社会科学院	45.8840	9	5.6080	60.4920	核心
49	东岳论丛	山东省社会科学院	46.3248	9	4.5761	59.9009	核心
50	中州学刊	河南省社会科学院	45.9096	9	4.8621	59.7717	核心
51	社会科学辑刊	辽宁省社会科学院	46.3303	9	4.0903	59.4206	核心
52	武汉大学学报（人文科学版）	武汉大学	43.9926	12.5	2.8285	59.3211	核心

续表

序号	刊名	主办单位	吸引力	管理力	影响力	总得分	期刊级别
53	新疆师范大学学报（哲学社会科学版）	新疆师范大学	43.1107	12.5	3.4688	59.0795	核心
54	安徽大学学报（哲学社会科学版）	安徽大学	43.3316	12.5	3.1409	58.9725	核心
55	西南大学学报（社会科学版）	西南大学	42.6495	11.5	4.8100	58.9595	核心
56	学术界	安徽省社会科学界联合会	45.6926	9	4.2655	58.9581	核心
57	东北大学学报（社会科学版）	东北大学	44.4043	12.5	1.9456	58.8499	核心
58	华中科技大学学报（社会科学版）	华中科技大学	42.5300	13	3.0858	58.6158	核心
59	学海	江苏省社会科学院	44.2899	9	5.3081	58.5980	核心
60	中国社会科学院研究生院学报	中国社会科学院研究生院	44.8169	10	3.7242	58.5411	核心

续表

序号	刊名	主办单位	吸引力	管理力	影响力	总得分	期刊级别
61	南京师范大学学报（社会科学版）	南京师范大学	43.5149	10	4.9799	58.4948	核心
62	上海师范大学学报（哲学社会科学版）	上海师范大学	42.8008	10	5.5642	58.3650	核心
63	西安交通大学学报（社会科学版）	西安交通大学	42.5872	12.5	3.2285	58.3157	核心
64	河北大学学报（哲学社会科学版）	河北大学	41.8696	13	3.3552	58.2248	核心
65	北京社会科学	北京市社会科学院	43.9021	11.5	2.6621	58.0642	核心
66	东南大学学报（哲学社会科学版）	东南大学	41.4533	14	2.4207	57.8740	核心
67	山西大学学报（哲学社会科学版）	山西大学	44.1708	10	3.4548	57.6256	核心

续表

序号	刊名	主办单位	吸引力	管理力	影响力	总得分	期刊级别
68	华南师范大学学报（社会科学版）	华南师范大学	42.7866	11.5	3.1998	57.4864	核心
69	中国地质大学学报（社会科学版）	中国地质大学	42.1245	11.5	3.6574	57.2819	核心
70	齐鲁学刊	曲阜师范大学	43.6452	10	3.4683	57.1135	核心
71	苏州大学学报（哲学社会科学版）	苏州大学	42.8160	9.5	4.7055	57.0215	核心
72	东南学术	福建省社会科学界联合会	44.8088	8	3.7623	56.5711	核心
73	上海大学学报（社会科学版）	上海大学	40.0154	11.5	4.6803	56.1957	核心
74	四川师范大学学报（社会科学版）	四川师范大学	44.1202	9	2.9827	56.1029	核心
75	湖北社会科学	湖北省社会科学界联合会，湖北省社会科学院	42.6929	10	3.1420	55.8349	核心

续表

序号	刊名	主办单位	吸引力	管理力	影响力	总得分	期刊级别
76	河南大学学报（社会科学版）	河南大学	41.2736	10	4.5420	55.8156	核心
77	西北大学学报（哲学社会科学版）	西北大学	42.4119	10	3.3935	55.8054	核心
78	重庆大学学报（社会科学版）	重庆大学	41.8644	10	3.6969	55.5613	核心
79	云南师范大学学报（哲学社会科学版）	云南师范大学	41.1244	10	4.1339	55.2583	核心
80	深圳大学学报（人文社会科学版）	深圳大学	40.7952	11	3.4409	55.2361	核心
81	湖南社会科学	湖南省社会科学界联合会	42.8793	9	3.1826	55.0619	核心
82	内蒙古社会科学	内蒙古自治区社会科学院	40.9987	11.5	2.4599	54.9586	核心

续表

序号	刊名	主办单位	吸引力	管理力	影响力	总得分	期刊级别
83	湖南大学学报（社会科学版）	湖南大学	41.7772	10	3.0297	54.8069	核心
84	甘肃社会科学	甘肃省社会科学院	40.2641	9	5.4375	54.7016	核心
85	郑州大学学报（哲学社会科学版）	郑州大学	41.8586	9	3.7151	54.5737	核心
86	河南社会科学	河南省社会科学界联合会	41.1099	9	4.4117	54.5216	核心
87	学术交流	黑龙江省社会科学界联合会	41.5469	9	3.9273	54.4742	核心
88	西北师范大学学报（社会科学版）	西北师范大学	41.8538	9	3.3037	54.1575	核心
89	江淮论坛	安徽省社会科学院	39.8683	10	4.2335	54.1018	核心
90	福建师范大学学报（哲学社会科学版）	福建师范大学	41.3414	9	3.0908	53.4322	核心

续表

序号	刊名	主办单位	吸引力	管理力	影响力	总得分	期刊级别
91	首都师范大学学报（社会科学版）	首都师范大学	41.4987	9	2.8383	53.3370	核心
92	福建论坛（人文社会科学版）	福建省社会科学院	40.8383	9	3.4885	53.3268	核心
93	湖南科技大学学报（社会科学版）	湖南科技大学	38.3255	11.5	3.4424	53.2679	核心
94	求索	湖南省社会科学院	45.1780	3	4.7382	52.9162	核心
95	上海交通大学学报（哲学社会科学版）	上海交通大学	40.2946	9	3.3159	52.6105	核心
96	杭州师范大学学报（社会科学版）	杭州师范大学	36.3203	13.5	2.6060	52.4263	核心
97	中国农业大学学报（社会科学版）	中国农业大学	38.1736	10	4.2463	52.4199	核心

续表

序号	刊名	主办单位	吸引力	管理力	影响力	总得分	期刊级别
98	安徽师范大学学报（人文社会科学版）	安徽师范大学	38.4612	11.5	2.1514	52.1126	核心
99	社会科学家	桂林市社会科学界联合会，《社会科学家》编辑委员会	41.0281	8	2.9234	51.9515	核心
100	学术论坛	广西社会科学院	40.9006	7	3.7481	51.6487	核心
101	天府新论	四川省社会科学界联合会	37.2507	11.5	2.8551	51.6058	核心
102	同济大学学报（社会科学版）	同济大学	39.7558	9	2.6466	51.4024	核心
103	北方论丛	哈尔滨师范大学	37.6955	11	2.3217	51.0172	核心
104	广西社会科学	广西壮族自治区社会科学界联合会	38.2026	10	2.6941	50.8967	核心

续表

序号	刊名	主办单位	吸引力	管理力	影响力	总得分	期刊级别
105	广西师范大学学报（哲学社会科学版）	广西师范大学	38.2186	10.5	2.1231	50.8417	核心
106	天津大学学报（社会科学版）	天津大学	37.1106	12.5	1.2040	50.8146	核心
107	天津师范大学学报（社会科学版）	天津师范大学	38.8801	9	2.8044	50.6845	核心
108	辽宁大学学报（哲学社会科学版）	辽宁大学	38.2420	10	2.4189	50.6609	核心
109	云南社会科学	云南省社会科学院	39.2603	8	3.2462	50.5065	核心
110	湘潭大学学报（哲学社会科学版）	湘潭大学	38.2965	9	3.0377	50.3342	核心
111	哈尔滨工业大学学报（社会科学版）	哈尔滨工业大学	36.2460	11.5	2.3913	50.1373	核心

续表

序号	刊名	主办单位	吸引力	管理力	影响力	总得分	期刊级别
112	武汉理工大学学报（社会科学版）	武汉理工大学	35.2712	12.5	2.2619	50.0331	核心
113	河南师范大学学报（哲学社会科学版）	河南师范大学	37.7133	8	3.7242	49.4375	核心
114	河北师范大学学报（哲学社会科学版）	河北师范大学	36.7849	10	2.4471	49.2320	核心
115	浙江师范大学学报（社会科学版）	浙江师范大学	37.2995	10	1.6209	48.9204	核心
116	重庆理工大学学报（社会科学版）	重庆理工大学	34.0178	12.5	1.9949	48.5127	核心
117	吉首大学学报（社会科学版）	吉首大学	33.6936	11	3.6917	48.3853	核心
118	理论月刊	湖北省社会科学界联合会	36.2578	9	2.7843	48.0421	核心

续表

序号	刊名	主办单位	吸引力	管理力	影响力	总得分	期刊级别
119	海南大学学报（人文社会科学版）	海南大学	34.2604	12	1.6993	47.9597	核心
120	重庆邮电大学学报（社会科学版）	重庆邮电大学	32.5614	12.5	2.8515	47.9129	核心
121	云南大学学报（社会科学版）	云南大学	35.6630	9.5	2.4841	47.6471	核心
122	宁夏社会科学	宁夏社会科学院	36.3913	9	1.9378	47.3291	核心
123	南昌大学学报（人文社会科学版）	南昌大学	34.3620	10	2.5672	46.9292	核心
124	江苏大学学报（社会科学版）	江苏大学	32.4948	11.5	2.7878	46.7826	核心
125	学术探索	云南省社会科学界联合会	33.7996	10	2.2782	46.0778	核心
126	山东师范大学学报（人文社会科学版）	山东师范大学	31.4304	11	3.6460	46.0764	扩展

续表

序号	刊名	主办单位	吸引力	管理力	影响力	总得分	期刊级别
127	山西师范大学学报（社会科学版）	山西师范大学	34.9453	9	2.0650	46.0103	扩展
128	重庆工商大学学报（社会科学版）	重庆工商大学	31.1435	12.5	2.1233	45.7668	扩展
129	北京联合大学学报（人文社会科学版）	北京联合大学	30.8632	12.5	2.3455	45.7087	扩展
130	新疆社会科学	新疆社会科学院	34.9681	9	1.3154	45.2835	扩展
131	宁波大学学报（人文科学版）	宁波大学	30.9437	12.5	1.5753	45.0190	扩展
132	青海社会科学	青海省社会科学院	33.8959	9	2.0784	44.9743	扩展
133	北京交通大学学报（社会科学版）	北京交通大学	33.3536	10	1.1546	44.5082	扩展
134	浙江工商大学学报	浙江工商大学	31.0195	10.5	2.5399	44.0594	扩展

续表

序号	刊名	主办单位	吸引力	管理力	影响力	总得分	期刊级别
135	北京林业大学学报（社会科学版）	北京林业大学	29.0099	14	1.0382	44.0481	扩展
136	广西大学学报（哲学社会科学版）	广西大学	32.9486	9	2.0505	43.9991	扩展
137	沈阳师范大学学报（社会科学版）	沈阳师范大学	30.8209	11	1.2613	43.0822	扩展
138	江汉学术	江汉大学	29.2839	12.5	1.0014	42.7853	扩展
139	广州大学学报（社会科学版）	广州大学	30.4068	11	1.3143	42.7211	扩展
140	华南理工大学学报（社会科学版）	华南理工大学	30.1269	11.5	1.0514	42.6783	扩展
141	四川理工学院学报（社会科学版）	四川理工学院	28.2671	11	3.3925	42.6596	扩展
142	江西师范大学学报（哲学社会科学版）	江西师范大学	30.3349	9	2.6799	42.0148	扩展

续表

序号	刊名	主办单位	吸引力	管理力	影响力	总得分	期刊级别
143	江苏师范大学学报（哲学社会科学版）	江苏师范大学	30.1905	10	1.4751	41.6656	扩展
144	江汉大学学报（社会科学版）	江汉大学	29.0765	11.5	1.0557	41.6322	扩展
145	华侨大学学报（哲学社会科学版）	华侨大学	29.2892	11	1.2344	41.5236	扩展
146	殷都学刊	安阳师范学院	31.5459	9	0.9265	41.4724	扩展
147	内蒙古大学学报（哲学社会科学版）	内蒙古大学	27.9958	11.5	1.9738	41.4696	扩展
148	南通大学学报（社会科学版）	南通大学	30.2322	9	2.2218	41.4540	扩展
149	内蒙古师范大学学报［哲学社会科学（汉文）版］	内蒙古师范大学	30.0793	10	1.3305	41.4098	扩展

续表

序号	刊名	主办单位	吸引力	管理力	影响力	总得分	期刊级别
150	福州大学学报（哲学社会科学版）	福州大学	31.1652	9	1.1771	41.3423	扩展
151	南华大学学报（社会科学版）	南华大学	27.8296	12.5	0.8078	41.1374	扩展
152	北京工业大学学报（社会科学版）	北京工业大学	29.3177	10	1.5268	40.8445	扩展
153	新疆大学学报（哲学·人文社会科学版）	新疆大学	30.7680	9	0.9916	40.7596	扩展
154	贵州师范大学学报（社会科学版）	贵州师范大学	30.1143	9	1.4607	40.5750	扩展
155	青海师范大学学报（哲学社会科学版）	青海师范大学	28.0804	11	0.8613	39.9417	扩展
156	重庆社会科学	重庆社会科学院	29.5835	8	2.3284	39.9119	扩展

续表

序号	刊名	主办单位	吸引力	管理力	影响力	总得分	期刊级别
157	辽宁师范大学学报（社会科学版）	辽宁师范大学	29.6214	9	1.1716	39.7930	扩展
158	扬州大学学报（人文社会科学版）	扬州大学	28.2850	9	2.4841	39.7691	扩展
159	烟台大学学报（哲学社会科学版）	烟台大学	28.5460	9	2.1609	39.7069	扩展
160	吉林师范大学学报（人文社会科学版）	吉林师范大学	29.6848	9	0.9938	39.6786	扩展
161	东疆学刊	延边大学	28.3832	9	2.1156	39.4988	扩展
162	延安大学学报（社会科学版）	延安大学	28.4462	10	0.7704	39.2166	扩展
163	延边大学学报（社会科学版）	延边大学	28.1869	9	1.8579	39.0448	扩展
164	贵州大学学报（社会科学版）	贵州大学	28.5867	9	1.1235	38.7102	扩展

续表

序号	刊名	主办单位	吸引力	管理力	影响力	总得分	期刊级别
165	黑龙江社会科学	黑龙江省社会科学院	30.9956	6	1.5199	38.5155	扩展
166	社会科学论坛	河北省社会科学界联合会	28.5946	7	2.4620	38.0566	扩展
167	南阳师范学院学报	南阳师范学院	28.0027	9	0.9609	37.9636	扩展
168	晋阳学刊	山西省社会科学院	27.5453	8	2.2444	37.7897	扩展
169	河北科技大学学报（社会科学版）	河北科技大学	26.9732	10	0.7340	37.7072	扩展
170	重庆师范大学学报（哲学社会科学版）	重庆师范大学	26.7285	9.5	1.4610	37.6895	扩展
171	南都学坛	南阳师范学院	27.0332	9	1.6020	37.6352	扩展
172	海南师范大学学报（社会科学版）	海南师范大学	27.0831	9	1.1882	37.2713	扩展

续表

序号	刊名	主办单位	吸引力	管理力	影响力	总得分	期刊级别
173	云梦学刊	湖南理工学院	26.5708	9	1.4240	36.9948	扩展
174	宁夏大学学报（人文社会科学版）	宁夏大学	27.6627	8	1.0798	36.7425	扩展
175	浙江树人大学学报	浙江树人大学	24.4616	11.5	0.6439	36.6055	扩展
176	科学·经济·社会	兰州大学	27.7050	8	0.8132	36.5182	扩展
177	成都大学学报（社会科学版）	成都大学	25.6186	10	0.7313	36.3499	扩展
178	东方论坛	青岛大学	26.0727	9	1.1951	36.2678	扩展
179	汕头大学学报（人文社会科学版）	汕头大学	25.9448	9	1.0943	36.0391	扩展
180	社科纵横	甘肃省社会科学界联合会	26.8556	7.5	1.6385	35.9941	扩展
181	商丘师范学院学报	商丘师范学院	25.2475	10	0.5164	35.7639	扩展

续表

序号	刊名	主办单位	吸引力	管理力	影响力	总得分	期刊级别
182	湖北师范学院学报（哲学社会科学版）	湖北师范学院	25.4250	9.5	0.7702	35.6952	扩展
183	唐都学刊	西安文理学院	25.5347	9	0.8831	35.4178	扩展
184	西华师范大学学报（哲学社会科学版）	西华师范大学	25.1722	9	0.6681	34.8403	扩展
185	信阳师范学院学报（哲学社会科学版）	信阳师范学院	24.6578	9	1.0602	34.7180	扩展
186	阅江学刊	南京信息工程大学	24.0057	9	1.4607	34.4664	扩展
187	西安文理学院学报（社会科学版）	西安文理学院	24.5992	9	0.3919	33.9911	扩展

三 期刊评价指标排名结果

（一）法学

序号	刊名	主办单位	吸引力排名	管理力排名	影响力排名	总排名	期刊级别
1	法学研究	中国社会科学院法学研究所	1	1	2	1	顶级
2	中国法学	中国法学会	2	7	1	2	权威
3	法学	华东政法大学	4	7	3	3	权威
4	中外法学	北京大学	5	18	4	4	核心
5	法制与社会发展	吉林大学	3	5	10	5	核心
6	政法论坛	中国政法大学	7	7	6	6	核心
7	法学家	中国人民大学	6	16	7	7	核心
8	现代法学	西南政法大学	8	1	11	8	核心
9	法商研究	中南财经政法大学	10	22	5	9	核心
10	法律科学（西北政法大学学报）	西北政法大学	11	16	8	10	核心

续表

序号	刊名	主办单位	吸引力排名	管理力排名	影响力排名	总排名	期刊级别
11	环球法律评论	中国社会科学院法学研究所	9	18	20	11	核心
12	当代法学	吉林大学	16	1	12	12	核心
13	知识产权	中国知识产权研究会	18	1	15	13	核心
14	清华法学	清华大学	12	7	25	14	核心
15	比较法研究	中国政法大学	17	7	14	15	核心
16	法学评论	武汉大学	13	29	9	16	核心
17	政治与法律	上海市社会科学院法学研究所	14	26	16	17	核心
18	法学论坛	山东省法学会	15	22	13	18	核心
19	华东政法大学学报	华东政法大学	19	18	17	19	核心
20	法学杂志	北京市法学会	20	7	21	20	核心
21	河北法学	河北政法职业学院，河北省法学会	23	7	18	21	核心

续表

序号	刊名	主办单位	吸引力排名	管理力排名	影响力排名	总排名	期刊级别
22	行政法学研究	中国政法大学	22	7	24	22	核心
23	中国刑事法杂志	最高人民检察院检察理论研究所	21	29	22	23	扩展
24	中国人民公安大学学报（社会科学版）	中国人民公安大学	24	5	29	24	扩展
25	政法论丛	山东政法学院	25	7	28	25	扩展
26	甘肃政法学院学报	甘肃政法学院	26	18	27	26	扩展
27	国家检察官学院学报	国家检察官学院	28	26	19	27	扩展
28	法律适用	国家法官学院	27	29	23	28	扩展
29	河南财经政法大学学报	河南财经政法大学	29	22	26	29	扩展
30	中国版权	中国版权保护中心	30	29	30	30	扩展

续表

序号	刊名	主办单位	吸引力排名	管理力排名	影响力排名	总排名	期刊级别
31	江苏警官学院学报	江苏警官学院	32	25	31	31	扩展
32	中国监狱学刊	中央司法警官学院	31	26	32	32	扩展

（二）管理学

序号	刊名	主办单位	吸引力排名	管理力排名	影响力排名	总排名	期刊级别
1	管理世界	国务院发展研究中心	1	23	1	1	顶级
2	南开管理评论	南开大学商学院	2	2	3	2	权威
3	管理学报	华中科技大学	5	2	7	3	权威
4	中国行政管理	中国行政管理学会	3	6	11	4	核心
5	会计研究	中国会计学会	4	15	4	5	核心
6	中国软科学	中国软科学研究会	9	6	2	6	核心
7	经济管理	中国社会科学院工业经济研究所	7	6	8	7	核心

续表

序号	刊名	主办单位	吸引力排名	管理力排名	影响力排名	总排名	期刊级别
8	中国管理科学	中国优选法统筹法与经济数学研究会，中国科学院科技政策与管理科学研究所	6	6	15	8	核心
9	科学学研究	中国科学学与科技政策研究会	14	2	5	9	核心
10	管理科学学报	天津大学，国家自然科学基金委员会管理科学部	15	1	9	10	核心
11	科研管理	中国科学院科技政策与管理科学研究所，中国科学学与科技政策研究会，清华大学技术创新研究中心	13	6	6	11	核心

续表

序号	刊名	主办单位	吸引力排名	管理力排名	影响力排名	总排名	期刊级别
12	中国科技论坛	中国科学技术发展战略研究院	11	2	12	12	核心
13	软科学	四川省科技促进发展研究中心	8	15	16	13	核心
14	科技进步与对策	湖北省科技信息研究院	12	6	13	14	核心
15	管理工程学报	浙江大学	10	19	14	15	核心
16	科学学与科学技术管理	中国科学学与科技政策研究会，天津市科学学研究所	18	13	10	16	扩展
17	研究与发展管理	复旦大学	17	6	17	17	扩展
18	预测	合肥工业大学预测与发展研究所	16	19	18	18	扩展
19	科学管理研究	内蒙古自治区软科学研究会	20	19	19	19	扩展

续表

序号	刊名	主办单位	吸引力排名	管理力排名	影响力排名	总排名	期刊级别
20	中国人力资源开发	中国人力资源开发研究会	21	18	22	20	扩展
21	科学与社会	中国科学院科技政策与管理科学研究所	24	13	20	21	扩展
22	管理现代化	中国管理现代化研究会	19	25	23	22	扩展
23	技术经济与管理研究	山西省人民政府发展研究中心	22	24	21	23	扩展
24	未来与发展	中国未来研究会	25	15	24	24	扩展
25	社会科学管理与评论	中国社会科学院科研局	23	22	25	25	扩展（已停刊）

(三) 环境科学

序号	刊名	主办单位	吸引力排名	管理力排名	影响力排名	总排名	期刊级别
1	中国人口·资源与环境	中国可持续发展研究会，山东省可持续发展研究中心，中国21世纪议程管理中心，山东师范大学	1	4	1	1	权威
2	自然资源学报	中国自然资源学会	2	2	3	2	核心
3	资源科学	中国科学院地理科学与资源研究所，中国自然资源学会	3	3	2	3	核心
4	长江流域资源与环境	中国科学院资源环境科学与技术局，中国科学院武汉文献情报中心	4	1	4	4	核心
5	环境保护	中国环境出版社	5	5	5	5	扩展

（四）教育学

序号	刊名	主办单位	吸引力排名	管理力排名	影响力排名	总排名	期刊级别
1	教育研究	中央教育科学研究院	1	12	1	1	顶级
2	北京大学教育评论	北京大学	2	3	2	2	权威
3	高等教育研究	华中科技大学，中国高等教育学研究会	3	14	6	3	权威
4	清华大学教育研究	清华大学	4	14	5	4	核心
5	比较教育研究	北京师范大学	5	19	11	5	核心
6	中国高教研究	中国高等教育学会	7	14	9	6	核心
7	课程·教材·教法	人民教育出版社，课程教材研究所	8	19	13	7	核心
8	中国教育学刊	中国教育学会	9	14	12	8	核心
9	学位与研究生教育	国务院学位委员会	11	2	22	9	核心

续表

序号	刊名	主办单位	吸引力排名	管理力排名	影响力排名	总排名	期刊级别
10	教育与经济	华中师范大学，中国教育经济学研究会	6	19	24	10	核心
11	教育学报	北京师范大学	10	19	10	11	核心
12	教育发展研究	上海市教育科学研究院，上海市高等教育学会	12	28	3	12	核心
13	国家教育行政学院学报	国家教育行政学院	14	3	19	13	核心
14	外国教育研究	东北师范大学	16	3	14	14	核心
15	教育科学	辽宁师范大学	19	19	4	15	核心
16	全球教育展望	华东师范大学	22	3	8	16	核心
17	江苏高教	江苏教育报刊总社	15	3	18	17	核心
18	中国特殊教育	中央教育科学研究所	20	3	17	18	核心

续表

序号	刊名	主办单位	吸引力排名	管理力排名	影响力排名	总排名	期刊级别
19	高等工程教育研究	华中科技大学，中国工程院教育委员会，中国高等工程教育研究会，全国重点理工大学教学改革协作组	18	28	7	19	核心
20	教育研究与实验	华中师范大学	21	12	20	20	核心
21	教育学术月刊	江西省教育科学研究所，江西省教育学会	17	19	16	21	核心
22	民族教育研究	中央民族大学	13	19	27	22	核心
23	教育理论与实践	山西省教育科学研究院，山西省教育学会	23	27	15	23	核心
24	高校教育管理	江苏大学	26	1	23	24	扩展

续表

序号	刊名	主办单位	吸引力排名	管理力排名	影响力排名	总排名	期刊级别
25	高教发展与评估	武汉理工大学，中国交通教育研究会高教研究分会	25	3	25	25	扩展
26	教育评论	福建省教育科学研究所，福建省教育学会	24	28	21	26	扩展
27	贵州师范学院学报	贵州师范学院	29	3	30	27	扩展
28	广东第二师范学院学报	广东第二师范学院	28	14	32	28	扩展
29	渭南师范学院学报	渭南师范学院	33	3	31	29	扩展
30	继续教育	总装备部继续教育中心	27	33	26	30	扩展
31	江西教育学院学报	江西教育学院	30	19	33	31	扩展
32	江苏第二师范学院学报	江苏第二师范学院	32	28	28	32	扩展

续表

序号	刊名	主办单位	吸引力排名	管理力排名	影响力排名	总排名	期刊级别
33	河南教育学院学报（哲学社会科学版）	河南教育学院	31	28	29	33	扩展

（五）经济学

序号	刊名	主办单位	吸引力排名	管理力排名	影响力排名	总排名	期刊级别
1	经济研究	中国社会科学院经济研究所	1	4	1	1	顶级
2	世界经济	中国世界经济学会，中国社会科学院世界经济与政治研究所	2	69	3	2	权威
3	中国工业经济	中国社会科学院工业经济研究所	3	36	4	3	权威
4	金融研究	中国金融学会	4	11	5	4	权威
5	经济学（季刊）	北京大学中国经济研究中心	19	1	2	5	核心

续表

序号	刊名	主办单位	吸引力排名	管理力排名	影响力排名	总排名	期刊级别
6	数量经济技术经济研究	中国社会科学院数量经济与技术经济研究所	5	4	10	6	核心
7	财经研究	上海财经大学	6	2	13	7	核心
8	财贸经济	中国社会科学院财经战略研究院	8	11	7	8	核心
9	经济学动态	中国社会科学院经济研究所	11	29	6	9	核心
10	经济学家	西南财经大学，四川社会科学学术基金会（新知研究院）	10	44	11	10	核心
11	国际金融研究	中国国际金融学会，中国银行股份有限公司	9	50	16	11	核心
12	中国农村经济	中国社会科学院农村发展研究所	7	69	15	12	核心

续表

序号	刊名	主办单位	吸引力排名	管理力排名	影响力排名	总排名	期刊级别
13	经济理论与经济管理	中国人民大学	14	11	19	13	核心
14	经济评论	武汉大学	21	2	21	14	核心
15	改革	重庆社会科学院	18	36	8	15	核心
16	经济科学	北京大学	20	22	17	16	核心
17	经济社会体制比较	中共中央编译局	15	50	12	17	核心
18	财经问题研究	东北财经大学	13	22	33	18	核心
19	国际经济评论	中国社会科学院世界经济与政治研究所	17	69	9	19	核心
20	南开经济研究	南开大学经济学院	12	69	22	20	核心
21	国际贸易问题	对外经济贸易大学	16	50	18	21	核心
22	经济与管理研究	首都经济贸易大学	23	11	49	22	核心
23	中央财经大学学报	中央财经大学	22	44	35	23	核心

续表

序号	刊名	主办单位	吸引力排名	管理力排名	影响力排名	总排名	期刊级别
24	上海财经大学学报	上海财经大学	24	29	50	24	核心
25	世界经济研究	上海社会科学院世界经济研究所	27	69	20	25	核心
26	农业经济问题	中国农业经济学会，中国农业科学院农业经济研究所	41	44	14	26	核心
27	证券市场导报	深圳证券交易所综合研究所	36	4	39	27	核心
28	外国经济与管理	上海财经大学	40	11	36	28	核心
29	财经科学	西南财经大学	31	50	29	29	核心
30	审计研究	中国审计学会	25	50	47	30	核心
31	保险研究	中国保险学会	30	11	66	31	核心
32	中国农村观察	中国社会科学院农村发展研究所	29	69	26	32	核心

续表

序号	刊名	主办单位	吸引力排名	管理力排名	影响力排名	总排名	期刊级别
33	当代经济科学	西安交通大学	50	11	27	33	核心
34	财政研究	中国财政学会	28	50	40	34	核心
35	当代财经	江西财经大学	34	69	23	35	核心
36	财经论丛	浙江财经学院	55	11	24	36	核心
37	中国经济问题	厦门大学经济研究所	32	29	61	37	核心
38	宏观经济研究	国家发改委宏观经济研究院	38	69	32	38	核心
39	中南财经政法大学学报	中南财经政法大学	49	44	28	39	核心
40	经济经纬	河南财经政法大学	53	11	45	40	核心
41	财经理论与实践	湖南大学	37	50	51	41	核心
42	中国经济史研究	中国社会科学院经济研究所	26	69	85	42	核心

续表

序号	刊名	主办单位	吸引力排名	管理力排名	影响力排名	总排名	期刊级别
43	中国土地科学	中国土地学会，中国土地勘测规划院	52	29	48	43	核心
44	亚太经济	福建省社会科学院亚太经济研究所	35	50	59	44	核心
45	河北经贸大学学报	河北经贸大学	56	4	56	45	核心
46	商业经济与管理	浙江工商大学	62	11	42	46	核心
47	农业技术经济	中国农业技术经济学会，中国农科院农业经济与发展研究所	60	36	30	47	核心
48	经济纵横	吉林省社会科学院（社科联）	51	69	31	48	核心
49	上海经济研究	上海社会科学院经济研究所	43	69	37	49	核心
50	世界经济与政治论坛	江苏省社会科学院世界经济研究所	33	69	72	50	核心

续表

序号	刊名	主办单位	吸引力排名	管理力排名	影响力排名	总排名	期刊级别
51	金融经济学研究	广东金融学院	47	29	80	51	核心
52	税务研究	中国税务杂志社	39	69	65	52	核心
53	国际商务（对外经济贸易大学学报）	对外经济贸易大学	63	22	52	53	核心
54	国际经贸探索	广东外语外贸大学	57	11	68	54	核心
55	经济体制改革	四川省社会科学院	46	69	43	55	核心
56	现代日本经济	吉林大学，中华全国日本经济学会	58	69	25	56	核心
57	生态经济	云南教育出版社有限责任公司	44	50	75	57	核心
58	北京工商大学学报（社会科学版）	北京工商大学	67	4	62	58	核心
59	经济问题	山西省社会科学院	59	50	46	59	核心

续表

序号	刊名	主办单位	吸引力排名	管理力排名	影响力排名	总排名	期刊级别
60	经济问题探索	云南省发展和改革委员会，云南财贸学院	54	98	38	60	核心
61	山西财经大学学报	山西财经大学	65	69	34	61	核心
62	中国金融	中国金融出版社	42	109	41	62	核心
63	中国流通经济	北京物资学院	73	4	69	63	核心
64	企业经济	江西省社会科学院	61	36	84	64	核心
65	金融论坛	中国城市金融学会，城市金融研究所	64	50	67	65	核心
66	投资研究	中国建设银行股份有限公司，中国投资学会	70	36	58	66	核心
67	上海金融	上海市金融学会	48	98	83	67	核心
68	中国社会经济史研究	厦门大学历史研究所	45	69	103	68	扩展

续表

序号	刊名	主办单位	吸引力排名	管理力排名	影响力排名	总排名	期刊级别
69	经济与管理评论	山东财经大学	74	22	88	69	扩展
70	改革与战略	广西壮族自治区社会科学界联合会	78	44	70	70	扩展
71	金融理论与实践	中国人民银行郑州中心支行，河南省金融学会	66	69	76	71	扩展
72	首都经济贸易大学学报	首都经济贸易大学	71	50	79	72	扩展
73	西安财经学院学报	西安财经学院	86	4	89	73	扩展
74	农业现代化研究	中国科学院农业研究委员会，中国科学院亚热带农业生态研究所	84	29	74	74	扩展
75	江西财经大学学报	江西财经大学	77	69	57	75	扩展

续表

序号	刊名	主办单位	吸引力排名	管理力排名	影响力排名	总排名	期刊级别
76	云南财经大学学报	云南财经大学	72	69	71	76	扩展
77	当代经济研究	吉林财经大学	68	106	44	77	扩展
78	现代财经	天津财经大学	75	69	64	78	扩展
79	经济研究参考	经济科学出版社	80	69	53	79	扩展
80	商业研究	哈尔滨商业大学，中国商业经济学会	69	105	54	80	扩展
81	西北农林科技大学学报（社会科学版）	西北农林科技大学	82	36	90	81	扩展
82	金融与经济	江西省金融学会	79	50	81	82	扩展
83	中国卫生经济	中国卫生经济学会，卫生部卫生经济研究所	87	29	87	83	扩展

续表

序号	刊名	主办单位	吸引力排名	管理力排名	影响力排名	总排名	期刊级别
84	消费经济	湘潭大学，湖南商学院，湖南师范大学	76	97	77	84	扩展
85	西部论坛	重庆工商大学	85	50	82	85	扩展
86	国土资源科技管理	国土资源部科技与国际合作司，成都理工大学	88	22	107	86	扩展
87	林业经济问题	中国林业经济学会，福建农林大学	81	50	99	87	扩展
88	当代经济管理	石家庄经济学院	92	50	86	88	扩展
89	国际商务研究（上海对外经贸大学学报）	上海对外经贸大学	91	36	97	89	扩展
90	地方财政研究	辽宁省财政科学研究所，东北财经大学财税学院	89	69	78	90	扩展

续表

序号	刊名	主办单位	吸引力排名	管理力排名	影响力排名	总排名	期刊级别
91	税务与经济	吉林财经大学	95	69	60	91	扩展
92	开发研究	甘肃省社会科学院	83	98	93	92	扩展
93	广东财经大学学报	广东财经大学	100	36	63	93	扩展
94	新金融	交通银行股份有限公司	90	69	91	94	扩展
95	贵州财经大学学报	贵州财经大学	99	50	55	95	扩展
96	国际经济合作	商务部国际贸易经济合作研究院	93	98	92	96	扩展
97	建筑经济	中国建筑学会，中国建筑设计研究院，亚太建设科技信息研究院	94	98	94	97	扩展
98	中国发展	中国致公党中央委员会	101	50	95	98	扩展

续表

序号	刊名	主办单位	吸引力排名	管理力排名	影响力排名	总排名	期刊级别
99	财务与金融	中南大学	104	22	105	99	扩展
100	南京财经大学学报	南京财经大学	96	69	96	100	扩展
101	生产力研究	中国生产力学会，山西省生产力学会，山西省政府经济研究中心	97	106	73	101	扩展
102	中国钱币	中国钱币博物馆，中国钱币学会	103	44	106	102	扩展
103	天津商业大学学报	天津商业大学	102	50	100	103	扩展
104	财经理论研究	内蒙古财经大学	107	22	102	104	扩展
105	中国资产评估	中国资产评估协会	98	98	109	105	扩展
106	兰州商学院学报	兰州商学院	106	69	98	106	扩展
107	古今农业	全国农业展览馆	105	106	108	107	扩展

续表

序号	刊名	主办单位	吸引力排名	管理力排名	影响力排名	总排名	期刊级别
108	欧亚经济	中国社会科学院俄罗斯东欧中亚研究所	108	98	104	108	扩展
109	石家庄经济学院学报	石家庄经济学院	109	69	101	109	扩展

（六）考古学

序号	刊名	主办单位	吸引力排名	管理力排名	影响力排名	总排名	期刊级别
1	考古	中国社会科学院考古研究所	1	4	3	1	顶级
2	考古学报	中国社会科学院考古研究所	2	13	2	2	权威
3	文物	文物出版社	3	4	1	3	权威
4	考古与文物	陕西省考古研究院	4	4	4	4	核心
5	敦煌研究	敦煌研究院	5	1	14	5	核心

续表

序号	刊名	主办单位	吸引力排名	管理力排名	影响力排名	总排名	期刊级别
6	江汉考古	湖北省文物考古研究所	6	2	8	6	核心
7	东南文化	南京博物院	9	4	5	7	核心
8	华夏考古	河南省文物考古研究院，河南省文物考古学会	8	8	6	8	核心
9	敦煌学辑刊	兰州大学	10	2	16	9	核心
10	中原文物	河南博物院	11	8	7	10	核心
11	农业考古	江西省社会科学院	7	8	17	11	核心
12	故宫博物院院刊	故宫博物院	12	13	9	12	核心
13	南方文物	江西省文物考古研究所	13	8	12	13	扩展
14	中国国家博物馆馆刊	中国国家博物馆	15	8	10	14	扩展
15	北方文物	北方文物杂志社	14	13	15	15	扩展

续表

序号	刊名	主办单位	吸引力排名	管理力排名	影响力排名	总排名	期刊级别
16	四川文物	四川省文物局	16	17	11	16	扩展
17	文物春秋	河北省文物局	17	13	13	17	扩展
18	文物世界	山西省文物局	18	17	18	18	扩展

（七）历史学

序号	刊名	主办单位	吸引力排名	管理力排名	影响力排名	总排名	期刊级别
1	历史研究	中国社会科学院	1	4	1	1	顶级
2	近代史研究	中国社会科学院近代史研究所	3	4	2	2	权威
3	中国史研究	中国社会科学院历史研究所	2	4	4	3	权威
4	世界历史	中国社会科学院世界历史研究所	4	4	5	4	核心

续表

序号	刊名	主办单位	吸引力排名	管理力排名	影响力排名	总排名	期刊级别
5	史学月刊	河南大学,河南省历史学会	5	20	3	5	核心
6	清史研究	中国人民大学清史研究所	6	8	8	6	核心
7	当代中国史研究	当代中国研究所	7	1	20	7	核心
8	史学理论研究	中国社会科学院世界历史研究所	9	8	11	8	核心
9	中国边疆史地研究	中国社会科学院中国边疆史地研究中心	8	10	12	9	核心
10	史学集刊	吉林大学	11	10	6	10	核心
11	西域研究	新疆社会科学院	10	3	23	11	核心
12	抗日战争研究	中国社会科学院近代史研究所,中国抗日战争史学会	12	10	17	12	核心

续表

序号	刊名	主办单位	吸引力排名	管理力排名	影响力排名	总排名	期刊级别
13	史林	上海社会科学院历史研究所	15	15	7	13	核心
14	中国农史	中国农业历史学会，中国农业科学院，南京农业大学中国农业遗产研究室	14	15	14	14	核心
15	史学史研究	北京师范大学	13	26	10	15	核心
16	文献	国家图书馆	17	10	18	16	核心
17	安徽史学	安徽省社会科学院	16	15	19	17	核心
18	中国历史地理论丛	陕西师范大学	19	15	13	18	核心
19	历史档案	中国第一历史档案馆	18	26	15	19	核心
20	历史教学	历史教学社	26	10	9	20	核心
21	中国地方志	中国地方志指导小组办公室	25	1	28	21	核心

续表

序号	刊名	主办单位	吸引力排名	管理力排名	影响力排名	总排名	期刊级别
22	民国档案	中国第二历史档案馆	20	26	16	22	核心
23	中国科技史杂志	中国科学技术史学会，中国科学院自然科学史研究所	22	21	22	23	核心
24	中国史研究动态	中国社会科学院历史研究所	21	21	29	24	核心
25	中国典籍与文化	全国高等院校古籍整理研究工作委员会	24	21	30	25	扩展
26	华侨华人历史研究	中国华侨华人历史研究所	23	26	25	26	扩展
27	古籍整理研究学刊	东北师范大学古籍整理研究所	27	26	27	27	扩展
28	军事历史研究	南京政治学院上海分院	28	21	32	28	扩展

续表

序号	刊名	主办单位	吸引力排名	管理力排名	影响力排名	总排名	期刊级别
29	海交史研究	中国海外交通史研究会，泉州海外交通史博物馆	30	21	24	29	扩展
30	历史教学问题	华东师范大学	29	26	26	30	扩展
31	文史杂志	四川省人民政府参事室，四川省人民政府文史研究馆	31	26	21	31	扩展
32	贵州文史丛刊	贵州省文史研究馆	32	15	31	32	扩展

（八）马克思主义

序号	刊名	主办单位	吸引力排名	管理力排名	影响力排名	总排名	期刊级别
1	求是	中国共产党中央委员会	1	12	1	1	顶级
2	马克思主义研究	中国社会科学院马克思主义研究院，马克思主义研究学部	2	6	3	2	权威

续表

序号	刊名	主办单位	吸引力排名	管理力排名	影响力排名	总排名	期刊级别
3	中共党史研究	中共中央党史研究室	3	2	9	3	权威
4	教学与研究	中国人民大学	5	2	4	4	核心
5	马克思主义与现实	中共中央编译局马克思主义研究部	4	6	2	5	核心
6	社会主义研究	华中师范大学	7	4	7	6	核心
7	中国特色社会主义研究	北京市社会科学界联合会，北京市中国特色社会主义理论体系研究中心，北京市科学社会主义学会	6	6	8	7	核心
8	科学社会主义	中国科学社会主义学会	8	6	10	8	核心
9	国外理论动态	中共中央编译局	11	4	5	9	核心

续表

序号	刊名	主办单位	吸引力排名	管理力排名	影响力排名	总排名	期刊级别
10	当代世界与社会主义	中共中央编译局马克思主义研究部，中国国际共运史学会	9	13	6	10	核心
11	毛泽东邓小平理论研究	上海社会科学院，上海市中国特色社会主义理论体系研究中心	10	13	11	11	核心
12	当代世界社会主义问题	山东大学当代社会主义研究所	12	6	12	12	扩展
13	思想政治教育研究	哈尔滨理工大学	14	1	14	13	扩展
14	毛泽东思想研究	四川省社会科学院，四川省社会科学界联合会	13	6	13	14	扩展

（九）民族学与文化学

序号	刊名	主办单位	吸引力排名	管理力排名	影响力排名	总排名	期刊级别
1	民族研究	中国社会科学院民族学与人类学研究所	1	18	1	1	顶级
2	中央民族大学学报（哲学社会科学版）	中央民族大学	2	12	6	2	权威
3	西南民族大学学报（人文社会科学版）	西南民族大学	6	1	2	3	权威
4	中南民族大学学报（人文社会科学版）	中南民族大学	5	1	3	4	核心
5	广西民族大学学报（哲学社会科学版）	广西民族大学	3	11	4	5	核心
6	广西民族研究	广西壮族自治区民族问题研究中心	4	12	7	6	核心

续表

序号	刊名	主办单位	吸引力排名	管理力排名	影响力排名	总排名	期刊级别
7	中国藏学	中国藏学研究中心	7	5	12	7	核心
8	世界民族	中国社会科学院民族学与人类学研究所	8	8	13	8	核心
9	西北民族研究	西北民族大学	9	27	8	9	核心
10	青海民族研究	青海民族大学民族学与社会学学院，青海民族大学民族研究所	13	5	14	10	核心
11	云南民族大学学报（哲学社会科学版）	云南民族大学	10	12	9	11	核心
12	贵州民族研究	贵州省民族研究院	12	19	10	12	核心
13	中国文化研究	北京语言大学	11	19	19	13	核心
14	民俗研究	山东大学	16	19	5	14	核心

续表

序号	刊名	主办单位	吸引力排名	管理力排名	影响力排名	总排名	期刊级别
15	西藏研究	西藏社会科学院	14	12	18	15	核心
16	回族研究	宁夏社会科学院	18	8	25	16	核心
17	黑龙江民族丛刊	黑龙江省民族研究所	17	24	15	17	核心
18	人类学学报	中国科学院古脊椎动物与古人类研究所	19	12	23	18	核心
19	中华文化论坛	四川省社会科学院	15	24	26	19	扩展
20	满族研究	辽宁省民族宗教问题研究中心	20	19	24	20	扩展
21	西北民族大学学报（哲学社会科学版）	西北民族大学	21	24	11	21	扩展
22	湖北民族学院学报（哲学社会科学版）	湖北民族学院	23	19	16	22	扩展

续表

序号	刊名	主办单位	吸引力排名	管理力排名	影响力排名	总排名	期刊级别
23	西藏民族学院学报（哲学社会科学版）	西藏民族学院	26	5	17	23	扩展
24	内蒙古民族大学学报（社会科学版）	内蒙古民族大学	22	12	22	24	扩展
25	青海民族大学学报（社会科学版）	青海民族大学	25	4	20	25	扩展
26	贵州民族大学学报（哲学社会科学版）	贵州民族大学	27	3	21	26	扩展
27	文化学刊	辽宁社会科学院	24	8	27	27	扩展

（十）人文地理学

序号	刊名	主办单位	吸引力排名	管理力排名	影响力排名	总排名	期刊级别
1	旅游学刊	北京联合大学旅游学院	1	4	3	1	权威

续表

序号	刊名	主办单位	吸引力排名	管理力排名	影响力排名	总排名	期刊级别
2	经济地理	中国地理学会，湖南省经济地理研究所	2	1	1	2	核心
3	人文地理	中国地理学会，西安外国语大学人文地理研究所	4	1	6	3	核心
4	地理研究	中国科学院地理科学与资源研究所，中国地理学会	6	4	2	4	核心
5	城市发展研究	中国城市科学研究会	3	9	7	5	核心
6	地域研究与开发	河南省科学院地理研究所	7	4	5	6	核心
7	城市规划	中国城市规划学会	8	8	4	7	核心
8	城市规划学刊	同济大学	9	4	8	8	核心

续表

序号	刊名	主办单位	吸引力排名	管理力排名	影响力排名	总排名	期刊级别
9	旅游科学	上海旅游高等专科学校	10	1	11	9	扩展
10	城市问题	北京市社会科学院	5	11	9	10	扩展
11	现代城市研究	南京城市科学研究会	11	10	12	11	扩展
12	地理与地理信息科学	河北省科学院地理科学研究所	12	11	10	12	扩展

（十一）社会学

序号	刊名	主办单位	吸引力排名	管理力排名	影响力排名	总排名	期刊级别
1	人口研究	中国人民大学	1	3	3	1	顶级
2	社会学研究	中国社会科学院社会学研究所	3	10	1	2	权威
3	中国人口科学	中国社会科学院人口与劳动经济研究所	2	1	4	3	权威

续表

序号	刊名	主办单位	吸引力排名	管理力排名	影响力排名	总排名	期刊级别
4	社会	上海大学	4	7	2	4	核心
5	人口与经济	首都经济贸易大学	6	1	7	5	核心
6	人口学刊	吉林大学	5	7	5	6	核心
7	青年研究	中国社会科学院社会学研究所	8	4	6	7	核心
8	人口与发展	北京大学	7	10	9	8	核心
9	妇女研究论丛	全国妇联妇女研究所，中国妇女研究会	9	15	10	9	核心
10	南方人口	中山大学人口研究所	15	5	8	10	扩展
11	当代青年研究	上海社会科学院青少年研究所	10	10	13	11	扩展

续表

序号	刊名	主办单位	吸引力排名	管理力排名	影响力排名	总排名	期刊级别
12	西北人口	甘肃省人口和计划生育委员会，兰州大学，甘肃省统计局，甘肃省人口学会	14	5	11	12	扩展
13	青年探索	广州市穗港澳青少年研究所	12	10	12	13	扩展
14	青少年犯罪问题	华东政法大学	11	14	14	14	扩展
15	中华女子学院学报	中华女子学院	13	9	15	15	扩展

（十二）体育学

序号	刊名	主办单位	吸引力排名	管理力排名	影响力排名	总排名	期刊级别
1	体育科学	中国体育科学学会	1	11	1	1	权威
2	体育学刊	华南理工大学，华南师范大学	2	1	4	2	核心

续表

序号	刊名	主办单位	吸引力排名	管理力排名	影响力排名	总排名	期刊级别
3	中国体育科技	国家体育总局体育科学研究所	3	2	3	3	核心
4	北京体育大学学报	北京体育大学	4	5	8	4	核心
5	武汉体育学院学报	武汉体育学院	6	4	6	5	核心
6	体育与科学	江苏省体育科学研究所	5	5	5	6	核心
7	天津体育学院学报	天津体育学院	8	2	7	7	核心
8	上海体育学院学报	上海体育学院	7	11	2	8	核心
9	西安体育学院学报	西安体育学院	9	13	9	9	扩展
10	成都体育学院学报	成都体育学院	10	10	11	10	扩展
11	广州体育学院学报	广州体育学院	11	9	12	11	扩展
12	沈阳体育学院学报	沈阳体育学院	12	5	14	12	扩展

续表

序号	刊名	主办单位	吸引力排名	管理力排名	影响力排名	总排名	期刊级别
13	体育文化导刊	国家体育总局体育文化发展中心	13	14	10	13	扩展
14	山东体育学院学报	山东体育学院	14	8	13	14	扩展

（十三）统计学

序号	刊名	主办单位	吸引力	管理力	影响力	总得分	期刊级别
1	统计研究	中国统计学会，国家统计局统计科学研究所	1	1	1	1	权威
2	数理统计与管理	中国现场统计研究会	2	3	3	2	核心
3	统计与信息论坛	西安财经学院，中国统计教育学会高教分会	3	2	2	3	核心
4	中国统计	中国统计出版社	4	4	4	4	扩展

（十四）图书馆、情报与档案学

序号	刊名	主办单位	吸引力排名	管理力排名	影响力排名	总排名	期刊级别
1	中国图书馆学报	中国图书馆学会，国家图书馆	1	1	1	1	顶级
2	图书情报工作	中国科学院文献情报中心	3	9	3	2	权威
3	大学图书馆学报	北京大学，教育部高等学校图书情报工作指导委员会	2	20	2	3	权威
4	情报学报	中国科学技术情报学会，中国科学技术信息研究所	4	7	6	4	核心
5	图书情报知识	武汉大学	5	17	7	5	核心
6	情报资料工作	中国人民大学	7	9	4	6	核心
7	现代图书情报技术	中国科学院文献情报中心	9	3	12	7	核心

续表

序号	刊名	主办单位	吸引力排名	管理力排名	影响力排名	总排名	期刊级别
8	图书馆杂志	上海市图书馆学会，上海市图书馆	14	3	8	8	核心
9	档案学通讯	中国人民大学	6	17	29	9	核心
10	图书与情报	甘肃省图书馆学会，甘肃省科技情报学会	15	7	5	10	核心
11	图书馆论坛	广东省立中山图书馆	11	15	9	11	核心
12	情报理论与实践	中国国防科学技术信息学会，中国兵器工业集团第210研究所	10	25	10	12	核心
13	国家图书馆学刊	中国国家图书馆	13	15	15	13	核心

续表

序号	刊名	主办单位	吸引力排名	管理力排名	影响力排名	总排名	期刊级别
14	图书馆建设	黑龙江省图书馆,黑龙江省图书馆学会	18	2	13	14	核心
15	情报科学	中国科学技术情报学会,吉林大学	12	20	16	15	核心
16	情报杂志	陕西省科学技术信息研究所	17	17	11	16	核心
17	档案学研究	中国档案学会	8	26	31	17	核心
18	图书馆	湖南省图书馆,湖南省图书馆学会	19	20	14	18	核心
19	图书馆学研究	吉林省图书馆	16	31	17	19	核心
20	图书馆工作与研究	天津市图书馆学会,天津图书馆,天津市少年儿童图书馆	20	20	18	20	扩展

续表

序号	刊名	主办单位	吸引力排名	管理力排名	影响力排名	总排名	期刊级别
21	图书馆理论与实践	宁夏回族自治区图书馆学会，宁夏回族自治区图书馆	21	13	20	21	扩展
22	现代情报	中国科技情报学会，吉林省科技信息研究所	22	3	19	22	扩展
23	高校图书馆工作	湖南省高等学校图书情报工作委员会	23	9	21	23	扩展
24	新世纪图书馆	江苏省图书馆学会，南京图书馆	24	3	22	24	扩展
25	图书馆学刊	辽宁省图书馆学会，辽宁省图书馆	25	9	23	25	扩展
26	四川图书馆学报	四川省图书馆学会	26	20	25	26	扩展
27	图书馆研究	江西省图书馆学会，江西省图书馆	31	13	27	27	扩展

续表

序号	刊名	主办单位	吸引力排名	管理力排名	影响力排名	总排名	期刊级别
28	山东图书馆学刊	山东省图书馆，山东省图书馆学会	28	26	24	28	扩展
29	晋图学刊	山西省高等学校图书情报工作委员会，山西省图书馆	29	26	28	29	扩展
30	河南图书馆学刊	河南省图书馆学会，河南省图书馆	27	26	30	30	扩展
31	图书馆界	广西图书馆学会，广西壮族自治区图书馆	30	26	26	31	扩展

（十五）文学

序号	刊名	主办单位	吸引力排名	管理力排名	影响力排名	总排名	期刊级别
1	文学评论	中国社会科学院文学研究所	1	7	1	1	顶级
2	文学遗产	中国社会科学院文学研究所	2	2	3	2	权威

续表

序号	刊名	主办单位	吸引力排名	管理力排名	影响力排名	总排名	期刊级别
3	外国文学研究	华中师范大学	4	1	10	3	权威
4	文艺理论研究	中国文艺理论学会，华东师范大学	5	4	6	4	核心
5	外国文学评论	中国社会科学院外国文学研究所	3	7	7	5	核心
6	中国现代文学研究丛刊	中国现代文学馆	6	7	4	6	核心
7	民族文学研究	中国社会科学院民族文学研究所	7	7	16	7	核心
8	国外文学	北京大学	8	7	15	8	核心
9	中国比较文学	上海外国语大学，中国比较文学学会	16	3	9	9	核心
10	红楼梦学刊	中国艺术研究院	9	7	18	10	核心
11	当代作家评论	辽宁省作家协会	13	19	2	11	核心

续表

序号	刊名	主办单位	吸引力排名	管理力排名	影响力排名	总排名	期刊级别
12	文艺理论与批评	中国艺术研究院	10	7	13	12	核心
13	文艺争鸣	吉林省文学艺术界联合会	12	19	5	13	核心
14	外国文学	北京外国语大学	11	19	8	14	核心
15	当代文坛	四川省作家协会	14	5	12	15	核心
16	明清小说研究	江苏省社会科学院文学研究所明清小说研究中心	17	5	20	16	核心
17	鲁迅研究月刊	北京鲁迅博物馆	15	23	19	17	核心
18	文艺评论	黑龙江省文学艺术界联合会	20	7	17	18	扩展
19	中国文学研究	湖南师范大学	21	7	14	19	扩展
20	俄罗斯文艺	北京师范大学	19	7	21	20	扩展
21	小说评论	陕西省作家协会	18	23	11	21	扩展
22	世界华文文学论坛	江苏省社会科学院	22	19	22	22	扩展

续表

序号	刊名	主办单位	吸引力排名	管理力排名	影响力排名	总排名	期刊级别
23	杜甫研究学刊	四川省杜甫学会，成都杜甫草堂博物馆	23	7	24	23	扩展
24	蒲松龄研究	蒲松龄纪念馆	24	7	23	24	扩展

（十六）心理学

序号	刊名	主办单位	吸引力排名	管理力排名	影响力排名	总排名	期刊级别
1	心理学报	中国心理学会，中国科学院心理研究所	2	4	1	1	权威
2	心理科学	中国心理学会	1	2	3	2	核心
3	心理科学进展	中国科学院心理研究所	3	4	2	3	核心
4	心理发展与教育	北京师范大学	4	3	4	4	核心
5	中国心理卫生杂志	中国心理卫生协会	5	1	6	5	核心

续表

序号	刊名	主办单位	吸引力排名	管理力排名	影响力排名	总排名	期刊级别
6	心理学探新	江西师范大学	6	4	7	6	扩展
7	应用心理学	浙江省心理学会，浙江大学	7	7	5	7	扩展

（十七）新闻学与传播学

序号	刊名	主办单位	吸引力排名	管理力排名	影响力排名	总排名	期刊级别
1	新闻与传播研究	中国社会科学院新闻与传播研究所	1	5	1	1	顶级
2	国际新闻界	中国人民大学	2	2	4	2	权威
3	现代传播（中国传媒大学学报）	中国传媒大学	3	4	2	3	核心
4	中国科技期刊研究	中国科学院自然科学期刊编辑研究会，中国科学院文献情报中心	4	1	8	4	核心

续表

序号	刊名	主办单位	吸引力排名	管理力排名	影响力排名	总排名	期刊级别
5	编辑之友	山西出版集团	6	3	6	5	核心
6	编辑学报	中国科学技术期刊编辑学会	5	5	5	6	核心
7	中国出版	中国新闻出版传媒集团	9	5	7	7	核心
8	新闻大学	复旦大学	7	9	3	8	扩展
9	出版发行研究	中国新闻出版研究院	8	5	9	9	扩展
10	编辑学刊	上海市编辑学会，上海世纪出版集团	10	9	10	10	扩展
11	中国广播电视学刊	中国广播电视协会	11	11	11	11	扩展

（十八）艺术学

序号	刊名	主办单位	吸引力	管理力	影响力	总得分	期刊级别
1	文艺研究	中国艺术研究院	2	9	1	1	顶级

续表

序号	刊名	主办单位	吸引力	管理力	影响力	总得分	期刊级别
2	中央音乐学院学报	中央音乐学院	1	1	5	2	权威
3	音乐研究	人民音乐出版社	3	12	3	3	核心
4	音乐艺术（上海音乐学院学报）	上海音乐学院	4	5	12	4	核心
5	戏剧（中央戏剧学院学报）	中央戏剧学院	7	1	2	5	核心
6	民族艺术	广西民族文化艺术研究院	5	12	7	6	核心
7	电影艺术	中国电影家协会	9	6	8	7	核心
8	中国音乐学	中国艺术研究院	6	16	4	8	核心
9	黄钟（中国·武汉音乐学院学报）	武汉音乐学院	14	1	11	9	核心
10	艺术百家	江苏省文化艺术研究院	10	9	6	10	核心

续表

序号	刊名	主办单位	吸引力	管理力	影响力	总得分	期刊级别
11	中国音乐	中国音乐学院	12	6	9	11	核心
12	人民音乐	中国音乐家协会	8	12	10	12	扩展
13	当代电影	中国电影艺术研究中心，中国传媒大学	13	6	13	13	扩展
14	北京电影学院学报	北京电影学院	15	4	15	14	扩展
15	美术研究	中央美术学院	11	12	16	15	扩展
16	乐府新声（沈阳音乐学院学报）	沈阳音乐学院	16	9	14	16	扩展

（十九）语言学

序号	刊名	主办单位	吸引力	管理力	影响力	总得分	期刊级别
1	中国语文	中国社会科学院语言研究所	1	1	3	1	顶级

续表

序号	刊名	主办单位	吸引力	管理力	影响力	总得分	期刊级别
2	外语教学与研究	北京外国语大学	2	5	1	2	权威
3	世界汉语教学	北京语言大学	4	3	4	3	权威
4	当代语言学	中国社会科学院语言研究所	5	2	6	4	核心
5	外国语（上海外国语大学学报）	上海外国语大学	3	22	2	5	核心
6	语言科学	江苏师范大学语言研究所	6	8	14	6	核心
7	现代外语	广东外语外贸大学	7	5	8	7	核心
8	方言	中国社会科学院语言研究所	8	3	21	8	核心
9	中国翻译	中国外文局对外传播研究中心，中国翻译协会	9	12	5	9	核心

续表

序号	刊名	主办单位	吸引力	管理力	影响力	总得分	期刊级别
10	外语教学	西安外国语学院	12	16	7	10	核心
11	语言研究	华中科技大学中国语言研究所	16	5	11	11	核心
12	外语界	上海外国语大学	14	12	10	12	核心
13	外语学刊	黑龙江大学	15	8	16	13	核心
14	民族语文	中国社会科学院民族学与人类学研究所	10	12	24	14	核心
15	语言教学与研究	北京语言大学	13	18	12	15	核心
16	外语与外语教学（大连外国语学院学报）	大连外国语大学	11	22	17	16	核心
17	外语研究	中国人民解放军国际关系学院	20	8	13	17	核心

续表

序号	刊名	主办单位	吸引力	管理力	影响力	总得分	期刊级别
18	语言文字应用	教育部语言文字应用研究所	19	8	15	18	核心
19	当代修辞学	复旦大学	17	22	20	19	核心
20	解放军外国语学院学报	解放军外国语学院	18	22	19	20	核心
21	汉语学习	延边大学	21	18	18	21	核心
22	西安外国语大学学报	西安外国语大学	22	18	22	22	核心
23	语文研究	山西省社会科学院	24	28	9	23	扩展
24	中国科技翻译	中国科学院科技翻译工作者协会	27	12	28	24	扩展
25	古汉语研究	湖南师范大学	23	28	26	25	扩展
26	辞书研究	上海世纪出版股份有限公司·上海辞书出版社	25	22	29	26	扩展

续表

序号	刊名	主办单位	吸引力	管理力	影响力	总得分	期刊级别
27	上海翻译	上海市科技翻译学会	26	31	23	27	扩展
28	外国语文	四川外国语大学	29	18	25	28	扩展
29	语言与翻译	语言文字工作委员会	28	22	30	29	扩展
30	北京第二外国语学院学报	北京第二外国语学院	31	16	27	30	扩展
31	中国韵文学刊	中国韵文学会，湘潭大学	30	28	32	31	扩展
32	汉字文化	北京国际汉字研究会	32	31	31	32	扩展

（二十）哲学

序号	刊名	主办单位	吸引力排名	管理力排名	影响力排名	总排名	期刊级别
1	哲学研究	中国社会科学院哲学研究所	1	7	1	1	顶级

续表

序号	刊名	主办单位	吸引力排名	管理力排名	影响力排名	总排名	期刊级别
2	哲学动态	中国社会科学院哲学研究所	2	7	2	2	权威
3	道德与文明	中国伦理学会，天津社会科学院	5	2	7	3	权威
4	科学技术哲学研究	山西大学，山西省自然辩证法研究会	4	1	10	4	核心
5	伦理学研究	湖南师范大学	3	4	12	5	核心
6	现代哲学	广东哲学学会	8	3	6	6	核心
7	世界哲学	中国社会科学院哲学研究所	6	12	5	7	核心
8	自然辩证法研究	中国自然辩证法研究会	9	11	3	8	核心
9	周易研究	山东大学，中国周易学会	7	6	11	9	核心
10	中国哲学史	中国哲学史学会	10	15	4	10	核心

续表

序号	刊名	主办单位	吸引力排名	管理力排名	影响力排名	总排名	期刊级别
11	孔子研究	中国孔子基金会	11	12	8	11	扩展
12	自然辩证法通讯	中国科学院大学	12	4	9	12	扩展
13	自然科学史研究	中国科学院自然科学史研究所，中国科学技术史学会	13	7	15	13	扩展
14	管子学刊	齐文化研究院	15	7	14	14	扩展
15	船山学刊	湖南省社会科学界联合会	14	12	13	15	扩展

（二十一）政治学

序号	刊名	主办单位	吸引力排名	管理力排名	影响力排名	总排名	期刊级别
1	世界经济与政治	中国社会科学院世界经济与政治研究所	1	16	2	1	顶级

续表

序号	刊名	主办单位	吸引力排名	管理力排名	影响力排名	总排名	期刊级别
2	当代亚太	中国社会科学院亚太与全球战略研究院，中国亚洲太平洋学会	8	7	1	2	权威
3	政治学研究	中国社会科学院政治学研究所	2	16	7	3	权威
4	国际问题研究	中国国际问题研究所	9	2	4	4	核心
5	现代国际关系	中国现代国际关系研究院	5	29	3	5	核心
6	欧洲研究	中国社会科学院欧洲研究所	3	10	10	6	核心
7	外交评论	外交学院	10	39	5	7	核心
8	国家行政学院学报	国家行政学院	13	16	6	8	核心
9	中共中央党校学报	中共中央党校	7	28	18	9	核心

续表

序号	刊名	主办单位	吸引力排名	管理力排名	影响力排名	总排名	期刊级别
10	美国研究	中国社会科学院美国研究所，中华美国学会	4	37	24	10	核心
11	国际政治研究	北京大学	6	39	21	11	核心
12	东北亚论坛	吉林大学	15	10	8	12	核心
13	西亚非洲	中国社会科学院西亚非洲研究所	14	15	32	13	核心
14	中国青年研究	中国青少年研究中心，中国青少年研究会	11	39	17	14	核心
15	俄罗斯中亚东欧研究	中国社会科学院俄罗斯东欧中亚研究所	12	37	30	15	核心
16	北京行政学院学报	北京行政学院	20	10	20	16	核心
17	日本学刊	中国社会科学院日本研究所，中华日本学会	18	29	9	17	核心

续表

序号	刊名	主办单位	吸引力排名	管理力排名	影响力排名	总排名	期刊级别
18	太平洋学报	中国太平洋学会	28	2	19	18	核心
19	探索	中共重庆市委党校	17	39	16	19	核心
20	俄罗斯研究	华东师范大学	32	1	28	20	核心
21	上海行政学院学报	上海行政学院	25	29	11	21	核心
22	理论探讨	中共黑龙江省委党校	21	39	15	22	核心
23	东南亚研究	暨南大学东南亚研究所	19	29	36	23	核心
24	求实	中共江西省委党校	27	16	26	24	核心
25	国际论坛	北京外国语大学	29	16	23	25	核心
26	党的文献	中共中央文献研究室，中央档案馆	16	57	31	26	核心
27	中共浙江省委党校学报	中共浙江省委党校，浙江行政学院	34	7	33	27	核心

续表

序号	刊名	主办单位	吸引力排名	管理力排名	影响力排名	总排名	期刊级别
28	南亚研究	中国社会科学院亚太与全球战略研究院，中国南亚学会	23	16	41	28	核心
29	台湾研究集刊	厦门大学台湾研究院	38	2	29	29	核心
30	拉丁美洲研究	中国社会科学院拉丁美洲研究所	22	16	60	30	核心
31	新视野	中共北京市委党校，北京行政学院	24	39	22	31	核心
32	江苏行政学院学报	江苏行政学院	33	39	12	32	核心
33	理论与改革	中共四川省委党校	31	39	25	33	核心
34	理论导刊	中共陕西省委党校	37	16	34	34	核心
35	理论学刊	中共山东省委党校	26	57	27	35	核心
36	台湾研究	中国社会科学院台湾研究所	43	2	59	36	核心

续表

序号	刊名	主办单位	吸引力排名	管理力排名	影响力排名	总排名	期刊级别
37	国际观察	上海外国语大学	35	57	14	37	核心
38	行政论坛	黑龙江省行政学院	39	57	13	38	核心
39	中国青年政治学院学报	中国青年政治学院	30	57	48	39	核心
40	中国高校社会科学	教育部高等学校社会科学发展研究中心	40	29	38	40	核心
41	云南行政学院学报	云南行政学院	36	39	43	41	核心
42	日本问题研究	河北大学	50	2	58	42	核心
43	中共福建省委党校学报	中共福建省委党校	41	39	35	43	核心
44	南京政治学院学报	中国人民解放军南京政治学院	49	16	39	44	核心
45	德国研究	同济大学	42	39	47	45	核心
46	广东行政学院学报	广东行政学院	44	39	42	46	扩展

续表

序号	刊名	主办单位	吸引力排名	管理力排名	影响力排名	总排名	期刊级别
47	中国劳动关系学院学报	中国劳动关系学院	51	16	57	47	扩展
48	天津行政学院学报	天津行政学院	52	16	37	48	扩展
49	日本研究	辽宁大学日本研究所	46	39	49	49	扩展
50	中共天津市委党校学报	中共天津市委党校	45	39	50	50	扩展
51	南亚研究季刊	四川大学南亚研究所	48	39	45	51	扩展
52	国际安全研究	国际关系学院	55	10	46	52	扩展
53	中共宁波市委党校学报	中共宁波市委党校，宁波市行政学院，宁波市社会主义学院	57	7	56	53	扩展
54	岭南学刊	中共广东省委党校	47	39	54	54	扩展

续表

序号	刊名	主办单位	吸引力排名	管理力排名	影响力排名	总排名	期刊级别
55	中国井冈山干部学院学报	中国井冈山干部学院	54	29	51	55	扩展
56	中共杭州市委党校学报	中共杭州市委党校，杭州行政学院	61	10	63	56	扩展
57	长白学刊	中共吉林省委党校	53	57	40	57	扩展
58	理论与现代化	天津市社会科学界联合会	60	16	61	58	扩展
59	行政与法	吉林省行政学院	56	39	53	59	扩展
60	甘肃理论学刊	中共甘肃省委党校	59	57	55	60	扩展
61	外国问题研究	东北师范大学	62	29	66	61	扩展
62	湖北行政学院学报	中共湖北省委党校，湖北省行政学院	58	66	52	62	扩展
63	西伯利亚研究	黑龙江省社会科学院	63	39	65	63	扩展

续表

序号	刊名	主办单位	吸引力排名	管理力排名	影响力排名	总排名	期刊级别
64	和平与发展	和平与发展研究中心	65	66	44	64	扩展
65	攀登	中共青海省委党校，青海省行政学院，青海省社会主义学院	67	29	67	65	扩展
66	中共山西省委党校学报	中共山西省委党校，山西行政学院	66	57	64	66	扩展
67	中共云南省委党校学报	中共云南省委党校	64	66	62	67	扩展
68	军队政工理论研究	中国人民解放军南京政治学院	68	57	68	68	扩展

（二十二）宗教学

序号	刊名	主办单位	吸引力排名	管理力排名	影响力排名	总排名	期刊级别
1	世界宗教研究	中国社会科学院世界宗教研究所	1	2	1	1	核心

续表

序号	刊名	主办单位	吸引力排名	管理力排名	影响力排名	总排名	期刊级别
2	宗教学研究	四川大学道教与宗教文化研究所	2	1	2	2	核心

（二十三）综合性人文社会科学

序号	刊名	主办单位	吸引力排名	管理力排名	影响力排名	总排名	期刊级别
1	中国社会科学	中国社会科学院	1	1	1	1	顶级
2	中国人民大学学报	中国人民大学	3	12	6	2	权威
3	北京师范大学学报（社会科学版）	北京师范大学	2	38	16	3	权威
4	北京大学学报（哲学社会科学版）	北京大学	6	69	7	4	权威
5	清华大学学报（哲学社会科学版）	清华大学	7	75	5	5	权威
6	华中师范大学学报（人文社会科学版）	华中师范大学	14	12	8	6	核心

续表

序号	刊名	主办单位	吸引力排名	管理力排名	影响力排名	总排名	期刊级别
7	南京大学学报（哲学·人文科学·社会科学）	南京大学	11	69	3	7	核心
8	文史哲	山东大学	4	75	17	8	核心
9	社会科学战线	吉林省社会科学院	5	116	10	9	核心
10	复旦学报（社会科学版）	复旦大学	8	56	13	10	核心
11	浙江大学学报（人文社会科学版）	浙江大学	13	12	12	11	核心
12	学术月刊	上海市社会科学界联合会	12	116	4	12	核心
13	社会科学	上海社会科学院	16	75	2	13	核心
14	吉林大学社会科学学报	吉林大学	9	116	15	14	核心
15	江苏社会科学	江苏社会科学杂志社	17	7	20	15	核心

续表

序号	刊名	主办单位	吸引力排名	管理力排名	影响力排名	总排名	期刊级别
16	武汉大学学报（哲学社会科学版）	武汉大学	10	12	72	16	核心
17	中山大学学报（社会科学版）	中山大学	15	38	23	17	核心
18	求是学刊	黑龙江大学	20	5	29	18	核心
19	江海学刊	江苏省社会科学院	26	69	9	19	核心
20	社会科学研究	四川省社会科学院	27	35	19	20	核心
21	华东师范大学学报（哲学社会科学版）	华东师范大学	18	12	46	21	核心
22	学术研究	广东省社会科学界联合会	19	116	14	22	核心
23	厦门大学学报（哲学社会科学版）	厦门大学	24	56	27	23	核心

续表

序号	刊名	主办单位	吸引力排名	管理力排名	影响力排名	总排名	期刊级别
24	江汉论坛	湖北省社会科学院	37	35	25	24	核心
25	南京社会科学	南京市社会科学界联合会，南京市社会科学院	28	56	24	25	核心
26	学习与探索	黑龙江省社会科学院	22	116	18	26	核心
27	国外社会科学	中国社会科学院信息情报研究院	23	38	52	27	核心
28	东北师范大学学报（哲学社会科学版）	东北师范大学	25	12	73	28	核心
29	南开学报（哲学社会科学版）	南开大学	21	75	36	29	核心
30	贵州社会科学	贵州省社会科学院	49	1	44	30	核心
31	开放时代	广州市社会科学院	75	7	11	31	核心

续表

序号	刊名	主办单位	吸引力排名	管理力排名	影响力排名	总排名	期刊级别
32	浙江社会科学	浙江省社会科学界联合会	34	75	28	32	核心
33	湖北大学学报（哲学社会科学版）	湖北大学	32	12	83	33	核心
34	湖南师范大学社会科学学报	湖南师范大学	44	12	47	34	核心
35	江西社会科学	江西省社会科学院	35	75	31	35	核心
36	探索与争鸣	上海市社会科学界联合会	29	173	21	36	核心
37	河北学刊	河北省社会科学院	51	56	22	37	核心
38	山东大学学报（哲学社会科学版）	山东大学	31	69	56	38	核心
39	山东社会科学	山东省社会科学界联合会	33	116	30	39	核心

续表

序号	刊名	主办单位	吸引力排名	管理力排名	影响力排名	总排名	期刊级别
40	天津社会科学	天津社会科学院	30	173	26	40	核心
41	陕西师范大学学报（哲学社会科学版）	陕西师范大学	38	75	39	41	核心
42	思想战线	云南大学	39	75	38	42	核心
43	兰州大学学报（社会科学版）	兰州大学	45	7	104	43	核心
44	广东社会科学	广东省社会科学院	41	75	40	44	核心
45	暨南学报（哲学社会科学版）	暨南大学	50	12	67	45	核心
46	四川大学学报（哲学社会科学版）	四川大学	36	75	60	46	核心
47	人文杂志	陕西省社会科学院	40	116	35	47	核心
48	浙江学刊	浙江省社会科学院	47	116	32	48	核心

续表

序号	刊名	主办单位	吸引力排名	管理力排名	影响力排名	总排名	期刊级别
49	东岳论丛	山东省社会科学院	43	116	50	49	核心
50	中州学刊	河南省社会科学院	46	116	42	50	核心
51	社会科学辑刊	辽宁省社会科学院	42	116	59	51	核心
52	武汉大学学报（人文科学版）	武汉大学	59	12	101	52	核心
53	新疆师范大学学报（哲学社会科学版）	新疆师范大学	64	12	75	53	核心
54	安徽大学学报（哲学社会科学版）	安徽大学	63	12	91	54	核心
55	西南大学学报（社会科学版）	西南大学	70	38	43	55	核心
56	学术界	安徽省社会科学界联合会	48	116	54	56	核心

续表

序号	刊名	主办单位	吸引力排名	管理力排名	影响力排名	总排名	期刊级别
57	东北大学学报（社会科学版）	东北大学	55	12	138	57	核心
58	华中科技大学学报（社会科学版）	华中科技大学	72	7	93	58	核心
59	学海	江苏省社会科学院	56	116	37	59	核心
60	中国社会科学院研究生院学报	中国社会科学院研究生院	53	75	64	60	核心
61	南京师范大学学报（社会科学版）	南京师范大学	62	75	41	61	核心
62	上海师范大学学报（哲学社会科学版）	上海师范大学	67	75	33	62	核心
63	西安交通大学学报（社会科学版）	西安交通大学	71	12	87	63	核心

续表

序号	刊名	主办单位	吸引力排名	管理力排名	影响力排名	总排名	期刊级别
64	河北大学学报（哲学社会科学版）	河北大学	76	7	82	64	核心
65	北京社会科学	北京市社会科学院	60	38	108	65	核心
66	东南大学学报（哲学社会科学版）	东南大学	83	1	118	66	核心
67	山西大学学报（哲学社会科学版）	山西大学	57	75	77	67	核心
68	华南师范大学学报（社会科学版）	华南师范大学	68	38	88	68	核心
69	中国地质大学学报（社会科学版）	中国地质大学	74	38	70	69	核心
70	齐鲁学刊	曲阜师范大学	61	75	76	70	核心
71	苏州大学学报（哲学社会科学版）	苏州大学	66	112	48	71	核心

续表

序号	刊名	主办单位	吸引力排名	管理力排名	影响力排名	总排名	期刊级别
72	东南学术	福建省社会科学界联合会	54	173	62	72	核心
73	上海大学学报（社会科学版）	上海大学	95	38	49	73	核心
74	四川师范大学学报（社会科学版）	四川师范大学	58	116	96	74	核心
75	湖北社会科学	湖北省社会科学界联合会，湖北省社会科学院	69	75	90	75	核心
76	河南大学学报（社会科学版）	河南大学	85	75	51	76	核心
77	西北大学学报（哲学社会科学版）	西北大学	73	75	80	77	核心
78	重庆大学学报（社会科学版）	重庆大学	77	75	68	78	核心

续表

序号	刊名	主办单位	吸引力排名	管理力排名	影响力排名	总排名	期刊级别
79	云南师范大学学报（哲学社会科学版）	云南师范大学	86	75	58	79	核心
80	深圳大学学报（人文社会科学版）	深圳大学	92	56	79	80	核心
81	湖南社会科学	湖南省社会科学界联合会	65	116	89	81	核心
82	内蒙古社会科学	内蒙古自治区社会科学院	89	38	116	82	核心
83	湖南大学学报（社会科学版）	湖南大学	80	75	95	83	核心
84	甘肃社会科学	甘肃省社会科学院	94	116	34	84	核心
85	郑州大学学报（哲学社会科学版）	郑州大学	78	116	66	85	核心
86	河南社会科学	河南省社会科学界联合会	87	116	53	86	核心

续表

序号	刊名	主办单位	吸引力排名	管理力排名	影响力排名	总排名	期刊级别
87	学术交流	黑龙江省社会科学界联合会	81	116	61	87	核心
88	西北师范大学学报（社会科学版）	西北师范大学	79	116	85	88	核心
89	江淮论坛	安徽省社会科学院	96	75	57	89	核心
90	福建师范大学学报（哲学社会科学版）	福建师范大学	84	116	92	90	核心
91	首都师范大学学报（社会科学版）	首都师范大学	82	116	100	91	核心
92	福建论坛（人文社会科学版）	福建省社会科学院	91	116	74	92	核心
93	湖南科技大学学报（社会科学版）	湖南科技大学	101	38	78	93	核心
94	求索	湖南省社会科学院	52	187	45	94	核心

续表

序号	刊名	主办单位	吸引力排名	管理力排名	影响力排名	总排名	期刊级别
95	上海交通大学学报（哲学社会科学版）	上海交通大学	93	116	84	95	核心
96	杭州师范大学学报（社会科学版）	杭州师范大学	114	5	110	96	核心
97	中国农业大学学报（社会科学版）	中国农业大学	106	75	55	97	核心
98	安徽师范大学学报（人文社会科学版）	安徽师范大学	100	38	129	98	核心
99	社会科学家	桂林市社会科学界联合会，《社会科学家》编辑委员会	88	173	97	99	核心
100	学术论坛	广西社会科学院	90	184	63	100	核心
101	天府新论	四川省社会科学界联合会	110	38	98	101	核心

续表

序号	刊名	主办单位	吸引力排名	管理力排名	影响力排名	总排名	期刊级别
102	同济大学学报（社会科学版）	同济大学	97	116	109	102	核心
103	北方论丛	哈尔滨师范大学	108	56	123	103	核心
104	广西社会科学	广西壮族自治区社会科学界联合会	105	75	106	104	核心
105	广西师范大学学报（哲学社会科学版）	广西师范大学	104	69	131	105	核心
106	天津大学学报（社会科学版）	天津大学	111	12	158	106	核心
107	天津师范大学学报（社会科学版）	天津师范大学	99	116	102	107	核心
108	辽宁大学学报（哲学社会科学版）	辽宁大学	103	75	119	108	核心

续表

序号	刊名	主办单位	吸引力排名	管理力排名	影响力排名	总排名	期刊级别
109	云南社会科学	云南省社会科学院	98	173	86	109	核心
110	湘潭大学学报（哲学社会科学版）	湘潭大学	102	116	94	110	核心
111	哈尔滨工业大学学报（社会科学版）	哈尔滨工业大学	116	38	120	111	核心
112	武汉理工大学学报（社会科学版）	武汉理工大学	118	12	125	112	核心
113	河南师范大学学报（哲学社会科学版）	河南师范大学	107	173	64	113	核心
114	河北师范大学学报（哲学社会科学版）	河北师范大学	112	75	117	114	核心
115	浙江师范大学学报（社会科学版）	浙江师范大学	109	75	143	115	核心

续表

序号	刊名	主办单位	吸引力排名	管理力排名	影响力排名	总排名	期刊级别
116	重庆理工大学学报（社会科学版）	重庆理工大学	123	12	136	116	核心
117	吉首大学学报（社会科学版）	吉首大学	126	56	69	117	核心
118	理论月刊	湖北省社会科学界联合会	115	116	105	118	核心
119	海南大学学报（人文社会科学版）	海南大学	122	35	141	119	核心
120	重庆邮电大学学报（社会科学版）	重庆邮电大学	129	12	99	120	核心
121	云南大学学报（社会科学版）	云南大学	117	112	113	121	核心
122	宁夏社会科学	宁夏社会科学院	113	116	139	122	核心
123	南昌大学学报（人文社会科学版）	南昌大学	121	75	111	123	核心

续表

序号	刊名	主办单位	吸引力排名	管理力排名	影响力排名	总排名	期刊级别
124	江苏大学学报（社会科学版）	江苏大学	130	38	103	124	核心
125	学术探索	云南省社会科学界联合会	125	75	124	125	核心
126	山东师范大学学报（人文社会科学版）	山东师范大学	132	56	71	126	扩展
127	山西师范大学学报（社会科学版）	山西师范大学	120	116	134	127	扩展
128	重庆工商大学学报（社会科学版）	重庆工商大学	134	12	130	128	扩展
129	北京联合大学学报（人文社会科学版）	北京联合大学	138	12	121	129	扩展
130	新疆社会科学	新疆社会科学院	119	116	154	130	扩展

续表

序号	刊名	主办单位	吸引力排名	管理力排名	影响力排名	总排名	期刊级别
131	宁波大学学报（人文科学版）	宁波大学	137	12	145	131	扩展
132	青海社会科学	青海省社会科学院	124	116	133	132	扩展
133	北京交通大学学报（社会科学版）	北京交通大学	127	75	163	133	扩展
134	浙江工商大学学报	浙江工商大学	135	69	112	134	扩展
135	北京林业大学学报（社会科学版）	北京林业大学	155	1	170	135	扩展
136	广西大学学报（哲学社会科学版）	广西大学	128	116	135	136	扩展
137	沈阳师范大学学报（社会科学版）	沈阳师范大学	139	56	156	137	扩展
138	江汉学术	江汉大学	153	12	171	138	扩展

续表

序号	刊名	主办单位	吸引力排名	管理力排名	影响力排名	总排名	期刊级别
139	广州大学学报（社会科学版）	广州大学	141	56	155	139	扩展
140	华南理工大学学报（社会科学版）	华南理工大学	145	38	169	140	扩展
141	四川理工学院学报（社会科学版）	四川理工学院	162	56	81	141	扩展
142	江西师范大学学报（哲学社会科学版）	江西师范大学	142	116	107	142	扩展
143	江苏师范大学学报（哲学社会科学版）	江苏师范大学	144	75	148	143	扩展
144	江汉大学学报（社会科学版）	江汉大学	154	38	168	144	扩展
145	华侨大学学报（哲学社会科学版）	华侨大学	152	56	157	145	扩展

续表

序号	刊名	主办单位	吸引力排名	管理力排名	影响力排名	总排名	期刊级别
146	殷都学刊	安阳师范学院	131	116	175	146	扩展
147	内蒙古大学学报（哲学社会科学版）	内蒙古大学	166	38	137	147	扩展
148	南通大学学报（社会科学版）	南通大学	143	116	127	148	扩展
149	内蒙古师范大学学报［哲学社会科学（汉文）版］	内蒙古师范大学	147	75	153	149	扩展
150	福州大学学报（哲学社会科学版）	福州大学	133	116	161	150	扩展
151	南华大学学报（社会科学版）	南华大学	167	12	179	151	扩展
152	北京工业大学学报（社会科学版）	北京工业大学	151	75	146	152	扩展

续表

序号	刊名	主办单位	吸引力排名	管理力排名	影响力排名	总排名	期刊级别
153	新疆大学学报（哲学·人文社会科学版）	新疆大学	140	116	173	153	扩展
154	贵州师范大学学报（社会科学版）	贵州师范大学	146	116	150	154	扩展
155	青海师范大学学报（哲学社会科学版）	青海师范大学	164	56	177	155	扩展
156	重庆社会科学	重庆社会科学院	150	173	122	156	扩展
157	辽宁师范大学学报（社会科学版）	辽宁师范大学	149	116	162	157	扩展
158	扬州大学学报（人文社会科学版）	扬州大学	161	116	113	158	扩展
159	烟台大学学报（哲学社会科学版）	烟台大学	158	116	128	159	扩展

续表

序号	刊名	主办单位	吸引力排名	管理力排名	影响力排名	总排名	期刊级别
160	吉林师范大学学报（人文社会科学版）	吉林师范大学	148	116	172	160	扩展
161	东疆学刊	延边大学	160	116	132	161	扩展
162	延安大学学报（社会科学版）	延安大学	159	75	180	162	扩展
163	延边大学学报（社会科学版）	延边大学	163	116	140	163	扩展
164	贵州大学学报（社会科学版）	贵州大学	157	116	164	164	扩展
165	黑龙江社会科学	黑龙江省社会科学院	136	186	147	165	扩展
166	社会科学论坛	河北省社会科学界联合会	156	184	115	166	扩展
167	南阳师范学院学报	南阳师范学院	165	116	174	167	扩展
168	晋阳学刊	山西省社会科学院	170	173	126	168	扩展

续表

序号	刊名	主办单位	吸引力排名	管理力排名	影响力排名	总排名	期刊级别
169	河北科技大学学报（社会科学版）	河北科技大学	173	75	182	169	扩展
170	重庆师范大学学报（哲学社会科学版）	重庆师范大学	175	112	149	170	扩展
171	南都学坛	南阳师范学院	172	116	144	171	扩展
172	海南师范大学学报（社会科学版）	海南师范大学	171	116	160	172	扩展
173	云梦学刊	湖南理工学院	176	116	152	173	扩展
174	宁夏大学学报（人文社会科学版）	宁夏大学	169	173	166	174	扩展
175	浙江树人大学学报	浙江树人大学	186	38	185	175	扩展
176	科学·经济·社会	兰州大学	168	173	178	176	扩展
177	成都大学学报（社会科学版）	成都大学	179	75	183	177	扩展

续表

序号	刊名	主办单位	吸引力排名	管理力排名	影响力排名	总排名	期刊级别
178	东方论坛	青岛大学	177	116	159	178	扩展
179	汕头大学学报（人文社会科学版）	汕头大学	178	116	165	179	扩展
180	社科纵横	甘肃省社会科学界联合会	174	183	142	180	扩展
181	商丘师范学院学报	商丘师范学院	182	75	186	181	扩展
182	湖北师范学院学报（哲学社会科学版）	湖北师范学院	181	112	181	182	扩展
183	唐都学刊	西安文理学院	180	116	176	183	扩展
184	西华师范大学学报（哲学社会科学版）	西华师范大学	183	116	184	184	扩展
185	信阳师范学院学报（哲学社会科学版）	信阳师范学院	184	116	167	185	扩展

续表

序号	刊名	主办单位	吸引力排名	管理力排名	影响力排名	总排名	期刊级别
186	阅江学刊	南京信息工程大学	187	116	150	186	扩展
187	西安文理学院学报（社会科学版）	西安文理学院	185	116	187	187	扩展

期刊名称索引

A

安徽大学学报（哲学社会科学版） 221
安徽师范大学学报（人文社会科学版） 133，227
安徽史学 78，174

B

保险研究 63，160
北方论丛 133，228
北方文物 75，171
北京大学教育评论 55，153
北京大学学报（哲学社会科学版） 121，215
北京第二外国语学院学报 109，204
北京电影学院学报 105，200
北京工商大学学报（社会科学版） 66，163
北京工业大学学报（社会科学版） 140，234
北京行政学院学报 114，208

北京交通大学学报（社会科学版） 137，232
北京联合大学学报（人文社会科学版） 137，231
北京林业大学学报（社会科学版） 138，232
北京社会科学 128，223
北京师范大学学报（社会科学版） 121，215
北京体育大学学报 91，187
比较法研究 48，146
比较教育研究 56，153
编辑学报 102，198
编辑学刊 103，198
编辑之友 102，198

C

长白学刊 118，213
长江流域资源与环境 55，152
成都大学学报（社会科学版） 143，237
成都体育学院学报 91，187
城市发展研究 87，183

期刊名称索引　241

城市规划　87, 183
城市规划学刊　88, 183
城市问题　88, 184
重庆大学学报（社会科学版）
　　130, 224
重庆工商大学学报（社会科学版）
　　137, 231
重庆理工大学学报（社会科学版）
　　135, 230
重庆社会科学　140, 235
重庆师范大学学报（哲学社会科学版）　142, 237
重庆邮电大学学报（社会科学版）
　　136, 230
出版发行研究　103, 198
船山学刊　111, 206
财经科学　63, 160
财经理论研究　72, 169
财经理论与实践　64, 161
财经论丛　64, 161
财经问题研究　62, 159
财经研究　60, 158
财贸经济　61, 158
财务与金融　72, 169
财政研究　63, 161
辞书研究　108, 203

D

大学图书馆学报　93, 189
当代财经　64, 161
当代电影　105, 200
当代法学　48, 146

当代经济管理　70, 167
当代经济科学　63, 161
当代经济研究　69, 166
当代青年研究　90, 185
当代世界社会主义问题　82, 178
当代世界与社会主义　81, 178
当代文坛　99, 195
当代修辞学　108, 203
当代亚太　112, 207
当代语言学　106, 201
当代中国史研究　76, 173
当代作家评论　99, 194
档案学通讯　94, 190
档案学研究　95, 191
党的文献　115, 209
道德与文明　110, 205
德国研究　117, 211
地方财政研究　71, 167
地理研究　87, 183
地理与地理信息科学　88, 184
地域研究与开发　87, 183
电影艺术　104, 199
东北大学学报（社会科学版）
　　127, 222
东北师范大学学报（哲学社会科学版）　124, 218
东北亚论坛　113, 208
东方论坛　143, 238
东疆学刊　141, 236
东南大学学报（哲学社会科学版）
　　128, 223
东南文化　74, 171

东南学术　129，224
东南亚研究　114，209
东岳论丛　126，221
杜甫研究学刊　100，196
敦煌学辑刊　74，171
敦煌研究　74，170

E

俄罗斯文艺　100，195
俄罗斯研究　114，209
俄罗斯中亚东欧研究　113，208

F

法律科学（西北政法大学学报）
　　47，145
法律适用　49，147
法商研究　47，145
法学　40，45
法学家　47，145
法学论坛　48，146
法学评论　48，146
法学研究　47，145
法学杂志　48，146
法制与社会发展　47，145
方言　106，201
福建论坛（人文社会科学版）
　　132，226
福建师范大学学报（哲学社会科学
　　版）　131，226
福州大学学报（哲学社会科学版）
　　140，234
妇女研究论丛　89，185

复旦学报（社会科学版）
　　122，216

G

改革　61，159
改革与战略　68，165
甘肃理论学刊　118，213
甘肃社会科学　131，225
甘肃政法学院学报　49，147
高等工程教育研究　57，155
高等教育研究　55，153
高教发展与评估　58，156
高校教育管理　58，155
高校图书馆工作　96，192
古汉语研究　108，203
古籍整理研究学刊　79，175
古今农业　73，169
故宫博物院院刊　75，171
管理工程学报　52，150
管理科学学报　51，149
管理世界　50，148
管理现代化　53，151
管理学报　50，148
管子学刊　111，206
广东财经大学学报　71，168
广东第二师范学院学报　59，156
广东行政学院学报　117，211
广东社会科学　126，220
广西大学学报（哲学社会科学版）
　　138，232
广西民族大学学报（哲学社会科学
　　版）　83，179

广西民族研究　83，179
广西社会科学　133，228
广西师范大学学报（哲学社会科学版）　134，228
广州大学学报（社会科学版）　138，233
广州体育学院学报　92，187
贵州财经大学学报　71，168
贵州大学学报（社会科学版）　141，236
贵州民族大学学报（哲学社会科学版）　86，182
贵州民族研究　84，180
贵州社会科学　124，218
贵州师范大学学报（社会科学版）　140，235
贵州师范学院学报　58，156
贵州文史丛刊　80，176
国际安全研究　117，212
国际观察　116，211
国际金融研究　61，158
国际经济合作　71，168
国际经济评论　62，159
国际经贸探索　66，163
国际论坛　115，209
国际贸易问题　62，159
国际商务（对外经济贸易大学学报）　66，163
国际商务研究（上海对外经贸大学学报）　70，167
国际问题研究　112，207
国际新闻界　102，197

国际政治研究　113，208
国家行政学院学报　112，207
国家检察官学院学报　49，147
国家教育行政学院学报　57，154
国家图书馆学刊　95，190
国土资源科技管理　70，167
国外理论动态　81，177
国外社会科学　124，218
国外文学　99，194

H

哈尔滨工业大学学报（社会科学版）　134，229
海交史研究　79，176
海南大学学报（人文社会科学版）　136，230
海南师范大学学报（社会科学版）　142，237
汉语学习　108，203
汉字文化　109，204
行政法学研究　49，147
行政论坛　116，211
行政与法　118，213
杭州师范大学学报（社会科学版）　132，227
和平与发展　119，214
河北大学学报（哲学社会科学版）　128，223
河北法学　48，146
河北经贸大学学报　65，162
河北科技大学学报（社会科学版）　142，237

河北师范大学学报（哲学社会科学版） 135，229
河北学刊 125，219
河南财经政法大学学报 49，147
河南大学学报（社会科学版） 130，224
河南教育学院学报（哲学社会科学版） 59，157
河南社会科学 131，225
河南师范大学学报（哲学社会科学版） 135，229
河南图书馆学刊 97，193
黑龙江民族丛刊 85，181
黑龙江社会科学 142，236
红楼梦学刊 99，194
宏观经济研究 64，161
湖北大学学报（哲学社会科学版） 124，219
湖北行政学院学报 119，213
湖北民族学院学报（哲学社会科学版） 85，181
湖北社会科学 129，224
湖北师范学院学报（哲学社会科学版） 144，238
湖南大学学报（社会科学版） 131，225
湖南科技大学学报（社会科学版） 132，226
湖南社会科学 130，225
湖南师范大学社会科学学报 124，219
华东师范大学学报（哲学社会科学版） 123，217
华东政法大学 47，48，90，145，146，186
华东政法大学学报 48，146
华南理工大学学报（社会科学版） 138，233
华南师范大学学报（社会科学版） 129，223
华侨大学学报（哲学社会科学版） 139，233
华侨华人历史研究 79，175
华夏考古 74，171
华中科技大学学报（社会科学版） 127，222
华中师范大学学报（人文社会科学版） 121，215
环境保护 55，152
环球法律评论 47，146
黄钟（中国·武汉音乐学院学报） 104，199
回族研究 85，181

J

吉林大学社会科学学报 122，216
吉林师范大学学报（人文社会科学版） 141，236
吉首大学学报（社会科学版） 135，230
技术经济与管理研究 53，151
继续教育 59，156
暨南学报（哲学社会科学版） 126，220

建筑经济　71，168
江海学刊　123，217
江汉大学学报（社会科学版）
　　139，233
江汉考古　74，171
江汉论坛　123，218
江汉学术　138，232
江淮论坛　131，226
江苏大学学报（社会科学版）
　　136，231
江苏第二师范学院学报　59，156
江苏高教　57，154
江苏行政学院学报　115，210
江苏警官学院学报　50，148
江苏社会科学　122，216
江苏师范大学学报（哲学社会科学
　　版）　139，233
江西财经大学学报　69，165
江西教育学院学报　59，156
江西社会科学　125，219
江西师范大学学报（哲学社会科学
　　版）　138，233
教学与研究　80，177
教育发展研究　56，154
教育科学　57，154
教育理论与实践　58，155
教育评论　58，156
教育学报　56，154
教育学术月刊　58，155
教育研究　55，153
教育研究与实验　57，155
教育与经济　56，154

解放军外国语学院学报　108，203
金融经济学研究　65，163
金融理论与实践　68，165
金融论坛　67，164
金融研究　60，157
金融与经济　69，166
近代史研究　76，172
晋图学刊　97，193
晋阳学刊　142，236
经济地理　87，183
经济管理　51，148
经济经纬　64，161
经济科学　62，159
经济理论与经济管理　61，159
经济评论　61，159
经济社会体制比较　62，159
经济体制改革　66，163
经济问题　66，163
经济问题探索　67，164
经济学（季刊）　60，157
经济学动态　61，158
经济学家　61，158
经济研究　60，157
经济研究参考　69，166
经济与管理评论　68，165
经济与管理研究　62，159
经济纵横　65，162
军队政工理论研究　119，214
军事历史研究　79，175

K

开发研究　71，168

开放时代　124，218
抗日战争研究　77，173
考古　73，170
考古学报　73，170
考古与文物　74，170
科技进步与对策　52，150
科学·经济·社会　143，237
科学管理研究　53，150
科学技术哲学研究　110，205
科学社会主义　81，177
科学学研究　51，149
科学学与科学技术管理　52，150
科学与社会　53，151
科研管理　52，149
课程·教材·教法　56，153
孔子研究　111，206
会计研究　50，148

L

拉丁美洲研究　115，210
兰州大学学报（社会科学版）
　　125，220
兰州商学院学报　73，169
乐府新声（沈阳音乐学院学报）
　　105，200
理论导刊　116，210
理论探讨　114，209
理论学刊　116，210
理论与改革　116，210
理论与现代化　118，213
理论月刊　135，230
历史档案　78，174

历史教学　78，174
历史教学问题　79，176
历史研究　76，172
辽宁大学学报（哲学社会科学版）
　　134，228
辽宁师范大学学报（社会科学版）
　　141，235
林业经济问题　70，167
岭南学刊　118，212
鲁迅研究月刊　100，195
伦理学研究　110，205
旅游科学　88，184
旅游学刊　87，182

M

马克思主义研究　80，176
马克思主义与现实　81，177
满族研究　85，181
毛泽东邓小平理论研究　82，178
毛泽东思想研究　82，178
美国研究　113，208
美术研究　105，200
民国档案　78，175
民俗研究　85，180
民族教育研究　58，155
民族文学研究　98，194
民族研究　83，179
民族艺术　104，199
民族语文　107，202
明清小说研究　99，195

N

南昌大学学报（人文社会科学版）

期刊名称索引　　247

南都学坛　142，237
南方人口　89，185
南方文物　75，171
南华大学学报（社会科学版）
　　140，234
南京财经大学学报　72，169
南京大学学报（哲学·人文科学·
　　社会科学版）　121，216
南京社会科学　123，218
南京师范大学学报（社会科学版）
　　128，222
南京政治学院学报　117，211
南开管理评论　50，148
南开经济研究　62，159
南开学报（哲学社会科学版）
　　124，218
南通大学学报（社会科学版）
　　139，234
南亚研究　115，210
南亚研究季刊　117，212
南阳师范学院学报　142，236
内蒙古大学学报（哲学社会科学
　　版）　139，234
内蒙古民族大学学报（社会科学
　　版）　86，182
内蒙古社会科学　130，225
内蒙古师范大学学报［哲学社会科
　　学（汉文）版］　139，234
宁波大学学报（人文科学版）
　　137，232
宁夏大学学报（人文社会科学版）

　　143，237
宁夏社会科学　136，230
农业技术经济　65，162
农业经济问题　63，160
农业考古　74，171
农业现代化研究　68，165

O

欧亚经济　73，170
欧洲研究　112，207

P

攀登　119，214
蒲松龄研究　100，196

Q

齐鲁学刊　129，223
企业经济　67，164
青海民族大学学报（社会科学版）
　　86，182
青海民族研究　84，180
青海社会科学　137，232
青海师范大学学报（哲学社会科学
　　版）　140，235
青年探索　90，186
青年研究　89，185
青少年犯罪问题　90，186
清华大学教育研究　56，153
清华大学学报（哲学社会科学版）
　　121，215
清华法学　48，146
清史研究　76，173

情报科学　95,191
情报理论与实践　95,190
情报学报　94,189
情报杂志　95,191
情报资料工作　94,189
求实　114,209
求是　80,176
求是学刊　123,217
求索　132,226
全球教育展望　57,154

R

人口学刊　89,185
人口研究　88,184
人口与发展　89,185
人口与经济　89,185
人类学学报　85,181
人民音乐　104,200
人文地理　87,183
人文杂志　126,220
日本问题研究　116,211
日本学刊　114,208
日本研究　117,212
软科学　52,150

S

山东大学学报（哲学社会科学版）
　　125,219
山东社会科学　125,219
山东师范大学学报（人文社会科学版）　136,231
山东体育学院学报　92,188

山东图书馆学刊　97,193
山西财经大学学报　67,164
山西大学学报（哲学社会科学版）
　　128,223
山西师范大学学报（社会科学版）
　　137,231
陕西师范大学学报（哲学社会科学版）　125,220
汕头大学学报（人文社会科学版）
　　143,238
商丘师范学院学报　143,238
商业经济与管理　65,162
商业研究　69,166
上海财经大学学报　62,160
上海大学学报（社会科学版）
　　129,224
上海翻译　109,204
上海行政学院学报　114,209
上海交通大学学报（哲学社会科学版）　132,227
上海金融　67,164
上海经济研究　65,162
上海师范大学学报（哲学社会科学版）　128,222
上海体育学院学报　91,187
社会　89,185
社会科学　122,216
社会科学管理与评论　54,151
社会科学辑刊　126,221
社会科学家　133,227
社会科学论坛　142,236
社会科学研究　123,217

社会科学战线　121，216
社会学研究　89，184
社会主义研究　81，177
社科纵横　143，238
深圳大学学报（人文社会科学版）
　　　130，225
沈阳师范大学学报（社会科学版）
　　　138，232
沈阳体育学院学报　92，187
审计研究　63，160
生产力研究　72，169
生态经济　66，163
石家庄经济学院学报　73，170
史林　77，174
史学集刊　77，173
史学理论研究　76，173
史学史研究　77，174
史学月刊　76，173
世界汉语教学　106，201
世界华文文学论坛　100，195
世界经济　60，157
世界经济研究　62，160
世界经济与政治　112，206
世界经济与政治论坛　65，162
世界历史　76，172
世界民族　84，180
世界哲学　110，205
世界宗教研究　120，214
首都经济贸易大学学报　68，165
首都师范大学学报（社会科学版）
　　　132，226
数理统计与管理　92，188

数量经济技术经济研究　60，158
税务研究　66，163
税务与经济　71，168
思想战线　125，220
思想政治教育研究　82，178
四川大学学报（哲学社会科学版）
　　　126，220
四川理工学院学报（社会科学版）
　　　138，233
四川师范大学学报（社会科学版）
　　　129，224
四川图书馆学报　97，192
四川文物　75，172
苏州大学学报（哲学社会科学版）
　　　129，223

T

台湾研究　116，210
台湾研究集刊　115，210
太平洋学报　114，209
探索　114，209
探索与争鸣　125，219
唐都学刊　144，238
体育科学　91，186
体育文化导刊　92，188
体育学刊　91，186
体育与科学　91，187
天府新论　133，227
天津大学学报（社会科学版）
　　　134，228
天津行政学院学报　117，212
天津商业大学学报　72，169

天津社会科学　125,220
天津师范大学学报（社会科学版）
　　　134,228
天津体育学院学报　91,187
同济大学学报（社会科学版）
　　　133,228
统计研究　92,188
统计与信息论坛　93,188
投资研究　67,164
图书馆　95,191
图书馆工作与研究　96,191
图书馆建设　95,191
图书馆界　97,193
图书馆理论与实践　96,192
图书馆论坛　94,190
图书馆学刊　97,192
图书馆学研究　96,191
图书馆研究　97,192
图书馆杂志　94,190
图书情报工作　93,189
图书情报知识　94,189
图书与情报　94,190

W

外国教育研究　57,154
外国经济与管理　63,160
外国文学　99,195
外国文学评论　98,194
外国文学研究　98,194
外国问题研究　118,213
外国语（上海外国语大学学报）
　　　106,201

外国语文　109,204
外交评论　112,207
外语教学　106,202
外语教学与研究　105,201
外语界　107,202
外语学刊　107,202
外语研究　107,202
外语与外语教学（大连外国语学院
　　学报）　107,202
未来与发展（　53,151
渭南师范学院学报　59,156
文化学刊　86,182
文史杂志　79,176
文史哲　121,216
文物　74,170
文物春秋　75,172
文物世界　75,172
文献　78,174
文学评论　98,193
文学遗产　98,193
文艺理论研究　98,194
文艺理论与批评　99,195
文艺评论　100,195
文艺研究　103,198
文艺争鸣　99,195
武汉大学学报（人文科学版）
　　　126,221
武汉大学学报（哲学社会科学版）
　　　122,217
武汉理工大学学报（社会科学版）
　　　135,229
武汉体育学院学报　91,187

X

西安财经学院学报　68，165
西安交通大学学报（社会科学版）
　　128，222
西安体育学院学报　91，187
西安外国语大学学报　108，203
西安文理学院学报（社会科学版）
　　144，239
西北大学学报（哲学社会科学版）
　　130，224
西北民族大学学报（哲学社会科学版）　85，181
西北民族研究　84，180
西北农林科技大学学报（社会科学版）　69，166
西北人口　90，186
西北师范大学学报（社会科学版）
　　131，226
西伯利亚研究　119，213
西部论坛　70，167
西藏民族学院学报（哲学社会科学版）　86，182
西藏研究　85，181
西华师范大学学报（哲学社会科学版）　144，238
西南大学学报（社会科学版）
　　127，221
西南民族大学学报（人文社会科学版）　83，179
西亚非洲　113，208
西域研究　77，173

戏剧（中央戏剧学院学报）
　　104，199
厦门大学学报（哲学社会科学版）
　　123，217
现代财经　69，166
现代城市研究　88，184
现代传播（中国传媒大学学报）
　　102，197
现代法学　47，145
现代国际关系　112，207
现代情报　96，192
现代日本经济　66，163
现代图书情报技术　94，189
现代外语　106，201
现代哲学　110，205
湘潭大学学报（哲学社会科学版）
　　134，229
消费经济　70，167
小说评论　100，195
心理发展与教育　101，196
心理科学　101，196
心理科学进展　101，196
心理学报　101，196
心理学探新　101，197
新疆大学学报（哲学·人文社会科学版）　140，235
新疆社会科学　137，231
新疆师范大学学报（哲学社会科学版）　127，221
新金融　71，168
新世纪图书馆　96，192
新视野　115，210

新闻大学 102,198
新闻与传播研究 102,197
信阳师范学院学报（哲学社会科学版） 144,238
学海 127,222
学术交流 131,226
学术界 127,221
学术论坛 133,227
学术探索 136,231
学术研究 123,217
学术月刊 122,216
学位与研究生教育 56,153
学习与探索 124,218

Y

亚太经济 65,162
烟台大学学报（哲学社会科学版） 141,235
延安大学学报（社会科学版） 141,236
延边大学学报（社会科学版） 141,236
研究与发展管理 53,150
扬州大学学报（人文社会科学版） 141,235
艺术百家 104,199
音乐研究 103,199
音乐艺术（上海音乐学院学报） 104,199
殷都学刊 139,234
应用心理学 101,197
语文研究 108,203

语言教学与研究 107,202
语言科学 106,201
语言文字应用 108,203
语言研究 107,202
语言与翻译 109,204
预测 53,150
阅江学刊 144,239
云梦学刊 143,237
云南财经大学学报 69,166
云南大学学报（社会科学版） 136,230
云南行政学院学报 116,211
云南民族大学学报（哲学社会科学版） 84,180
云南社会科学 134,229
云南师范大学学报（哲学社会科学版） 130,225

Z

哲学动态 110,205
哲学研究 110,204
浙江大学学报（人文社会科学版） 122,216
浙江工商大学学报 137,232
浙江社会科学 124,219
浙江师范大学学报（社会科学版） 135,229
浙江树人大学学报 143,237
浙江学刊 126,220
证券市场导报 63,160
郑州大学学报（哲学社会科学版） 131,225

政法论丛　49，147
政法论坛　47，145
政治学研究　112，207
政治与法律　48，146
知识产权　48，146
中共党史研究　80，177
中共福建省委党校学报　117，211
中共杭州市委党校学报　118，213
中共宁波市委党校学报　118，212
中共山西省委党校学报　119，214
中共天津市委党校学报　117，212
中共云南省委党校学报　119，214
中共浙江省委党校学报　115，209
中共中央党校学报　113，207
中国版权　49，147
中国比较文学　99，194
中国边疆史地研究　77，173
中国藏学　84，180
中国出版　102，198
中国地方志　78，174
中国地质大学学报（社会科学版）
　　129，223
中国典籍与文化　79，175
中国发展　72，168
中国法学　47，145
中国翻译　106，201
中国高教研究　56，153
中国高校社会科学　116，211
中国工业经济　60，157
中国管理科学　51，149
中国广播电视学刊　103，198
中国国家博物馆馆刊　75，171

中国行政管理　50，148
中国监狱学刊　50，148
中国教育学刊　56，153
中国金融　67，164
中国经济史研究　64，161
中国经济问题　64，161
中国井冈山干部学院学报
　　118，213
中国科技翻译　108，203
中国科技论坛　52，150
中国科技期刊研究　102，197
中国科技史杂志　78，175
中国劳动关系学院学报　117，212
中国历史地理论丛　78，174
中国流通经济　67，164
中国农村观察　63，160
中国农村经济　61，158
中国农史　77，174
中国农业大学学报（社会科学版）
　　132，227
中国钱币　72
中国青年研究　113，208
中国青年政治学院学报　116，211
中国人口·资源与环境　54，152
中国人口科学　89，184
中国人力资源开发　53，151
中国人民大学学报　120，215
中国人民公安大学学报（社会科学版）　49，147
中国软科学　51，148
中国社会经济史研究　68，164
中国社会科学　120，215

中国社会科学院　76，120，172，215
中国社会科学院研究生院学报　127，222
中国史研究　76，172
中国史研究动态　78，175
中国特色社会主义研究　81，177
中国特殊教育　57，154
中国体育科技　91，187
中国统计　93，188
中国图书馆学报　93，189
中国土地科学　64，162
中国卫生经济　70，166
中国文化研究　84，180
中国文学研究　100，195
中国现代文学研究丛刊　98，194
中国心理卫生杂志　101，196
中国刑事法杂志　49，147
中国音乐　104，200
中国音乐学　104，199
中国语文　105，200
中国韵文学刊　109，204
中国哲学史　111，205

中国资产评估　72，169
中华女子学院学报　90，186
中华文化论坛　85，181
中南财经政法大学学报　64，161
中南民族大学学报（人文社会科学版）　83，179
中山大学学报（社会科学版）　122，217
中外法学　47，145
中央财经大学学报　62，159
中央民族大学学报（哲学社会科学版）　83，179
中央音乐学院学报　103，199
中原文物　74，171
中州学刊　126，221
周易研究　111，205
资源科学　54，152
自然辩证法通讯　111，206
自然辩证法研究　110，205
自然科学史研究　111，206
自然资源学报　54，152
宗教学研究　120，215

期刊主办单位索引

A

安徽大学　127，221
安徽省社会科学界联合会　127，221
安徽省社会科学院　78，131，174，226
安徽师范大学　133，227
安阳师范学院　139，234

B

北方文物杂志社　75，171
北京大学　47，55，62，89，99，113，121，145，153，159，185，194，208，215
北京大学中国经济研究中心　60，157
北京第二外国语学院　109，204
北京电影学院　105，200
北京工商大学　66，163
北京工业大学　140，234
北京国际汉字研究会　109，204
北京行政学院　114，208
北京交通大学　137，232
北京联合大学　137，231
北京联合大学旅游学院　87，182
北京林业大学　138，232
北京鲁迅博物馆　100，195
北京师范大学　56，77，100，101，121，153，154，174，195，196，215
北京市法学会　48，146
北京市科学社会主义学会　81，177
北京市社会科学界联合会　81，177
北京市社会科学院　88，128，184，223
北京市中国特色社会主义理论体系研究中心　81，177
北京体育大学　91，187
北京外国语大学　99，105，115，195，201，209
北京物资学院　67，164
北京语言大学　84，106，107，180，201，202

C

成都大学　143，237
成都杜甫草堂博物馆　100，196
成都理工大学　70，167
成都体育学院　91，187
城市金融研究所　67，164
重庆大学　130，224
重庆工商大学　70，137，167，231
重庆理工大学　135，230
重庆社会科学院　61，140，159，235
重庆师范大学　142，237
重庆邮电大学　136，230

D

大连外国语大学　107，202
当代中国研究所　76，173
东北财经大学　62，159
东北财经大学财税学院　71，167
东北大学　127，222
东北师范大学　57，118，124，154，213，218
东北师范大学古籍整理研究所　79，175
东南大学　128，223
对外经济贸易大学　62，66，159，163
敦煌研究院　74，170

F

福建农林大学　70，167
福建省教育科学研究所　58，156
福建省教育学会　58，156
福建省社会科学界联合会　129，224
福建省社会科学院　132，226
福建省社会科学院亚太经济研究所　65，162
福建师范大学　131，226
福州大学　140，234
复旦大学　53，102，108，122，150，198，203，216

G

甘肃省科技情报学会　94，190
甘肃省人口和计划生育委员会　90，186
甘肃省人口学会　90，186
甘肃省社会科学界联合会　143，238
甘肃省社会科学院　71，131，168，225
甘肃省统计局　90，186
甘肃省图书馆学会　94，190
甘肃政法学院　49，147
故宫博物院　75，171
广东财经大学　71，168
广东第二师范学院　59，156
广东行政学院　117，211
广东金融学院　65，163
广东省立中山图书馆　94，190
广东省社会科学界联合会　123，217

广东省社会科学院　126，220
广东外语外贸大学　66，106，163，201
广东哲学学会　110，205
广西大学　138，232
广西民族大学　83，179
广西民族文化艺术研究院　104，199
广西社会科学院　133，227
广西师范大学　134，228
广西图书馆学会　97，193
广西壮族自治区民族问题研究中心　83，179
广西壮族自治区社会科学界联合会　68，133，165，228
广西壮族自治区图书馆　97，193
广州大学　138，233
广州市社会科学院　124，218
广州市穗港澳青少年研究所　90，186
广州体育学院　92，187
贵州财经大学　71，168
贵州大学　141，236
贵州民族大学　86，182
贵州省民族研究院　84，180
贵州省社会科学院　124，218
贵州省文史研究馆　80，176
贵州师范大学　140，235
贵州师范学院　58，156
桂林市社会科学界联合会　133，227
国际关系学院　117，212

国家发改委宏观经济研究院　64，161
国家法官学院　49，147
国家行政学院　112，207
国家检察官学院　49，147
国家教育行政学院　57，154
国家体育总局体育科学研究所　91，187
国家体育总局体育文化发展中心　92，188
国家统计局统计科学研究所　92，188
国家图书馆　174
国家自然科学基金委员会管理科学部　51，149
国土资源部科技与国际合作司　70，167
国务院发展研究中心　148
国务院学位委员会　56，153

H

哈尔滨工业大学　134，229
哈尔滨理工大学　82，178
哈尔滨商业大学　69，166
哈尔滨师范大学　133，228
海南大学　136，230
海南师范大学　142，237
杭州行政学院　118，213
杭州师范大学　132，227
合肥工业大学预测与发展研究所　53，150
和平与发展研究中心　119，214

河北大学 116,128,211,223
河北经贸大学 65,162
河北科技大学 142,237
河北省法学会 48,146
河北省科学院地理科学研究所 88,184
河北省社会科学界联合会 142,236
河北省社会科学院 125,219
河北省文物局 75,172
河北师范大学 135,229
河北政法职业学院 48,146
河南博物院 74,171
河南财经政法大学 49,64,147,161
河南大学 76,130,173,224
河南教育学院 59,157
河南省金融学会 68,165
河南省科学院地理研究所 87,183
河南省历史学会 76,173
河南省社会科学界联合会 131,225
河南省社会科学院 126,221
河南省图书馆 97,193
河南省图书馆学会 97,193
河南省文物考古学会 74,171
河南省文物考古研究院 74,171
河南师范大学 135,229
黑龙江大学 107,123,202,217
黑龙江省行政学院 116,211
黑龙江省民族研究所 85,181

黑龙江省社会科学界联合会 131,226
黑龙江省社会科学院 119,124,142,213,218,236
黑龙江省图书馆 95,191
黑龙江省图书馆学会 95,191
黑龙江省文学艺术界联合会 100,195
湖北大学 124,219
湖北民族学院 85,181
湖北省行政学院 119,213
湖北省科技信息研究院 52,150
湖北省社会科学界联合会 129,135,224,230
湖北省社会科学院 123,129,218,224
湖北省文物考古研究所 74,171
湖北师范学院 144,238
湖南大学 64,131,161,225
湖南科技大学 132,226
湖南理工学院 143,237
湖南商学院 70,167
湖南省高等学校图书情报工作委员会 96,192
湖南省经济地理研究所 87,183
湖南省社会科学界联合会 111,130,206,225
湖南省社会科学院 132,226
湖南省图书馆 95,191
湖南省图书馆学会 95,191
湖南师范大学 70,100,108,110,124,167,195,203,

205, 219
华东师范大学　57，79，98，114，123，154，176，194，209，217
华东政法大学　47，48，90，145，146，186
华南理工大学　91，138，186，233
华南师范大学　91，129，186，223
华侨大学　139，233
华中科技大学　50，55，57，127，148，153，155，222
华中科技大学中国语言研究所　107，202
华中师范大学　56，57，81，98，121，154，155，177，194，215

J

吉林财经大学　69，71，166，168
吉林大学　47，48，66，77，89，95，113，122，145，146，163，173，185，191，208，216
吉林省行政学院　118，213
吉林省科技信息研究所　96，192
吉林省社会科学院　121，216
吉林省社会科学院（社科联）　65，162
吉林省图书馆　96，191
吉林省文学艺术界联合会　99，195
吉林师范大学　141，236
吉首大学　135，230

暨南大学　126，220
暨南大学东南亚研究所　114，209
江汉大学　138，139，232，233
江苏大学　58，136，155，231
江苏第二师范学院　59，156
江苏行政学院　115，210
江苏教育报刊总社　57，154
江苏警官学院　50，148
江苏社会科学杂志社　122，216
江苏省社会科学院　100，123，127，195，217，222
江苏省社会科学院世界经济研究所　65，162
江苏省体育科学研究所　91，187
江苏省图书馆学会　96，192
江苏省文化艺术研究院　104，199
江苏师范大学　139，233
江苏师范大学语言研究所　106，201
江西财经大学　64，69，161，165
江西教育学院　59，156
江西省教育科学研究所　58，155
江西省教育学会　58，155
江西省金融学会　69，166
江西省社会科学院　67，74，125，164，171，219
江西省图书馆　97，192
江西省图书馆学会　97，192
江西省文物考古研究所　75，171
江西师范大学　101，138，197，233
交通银行股份有限公司　71，168

教育部高等学校社会科学发展研究
　　中心　116，211
教育部高等学校图书情报工作指导
　　委员会　93，189
教育部语言文字应用研究所
　　108，203
解放军外国语学院　108，203
经济科学出版社　69，166

K

课程教材研究所　56，153

L

兰州大学　74，90，125，143，
　　171，186，220，237
兰州商学院　73，169
历史教学社　78，174
辽宁大学　134，228
辽宁大学日本研究所　117，212
辽宁社会科学院　86，182
辽宁省财政科学研究所　71，167
辽宁省民族宗教问题研究中心
　　85，181
辽宁省社会科学院　126，221
辽宁省图书馆　97，192
辽宁省图书馆学会　97，192
辽宁省作家协会　99，194
辽宁师范大学　57，141，
　　154，235

M

马克思主义研究学部　80，176

N

南昌大学　136，230
南华大学　140，234
南京博物院　74，171
南京财经大学　72，169
南京城市科学研究会　88，184
南京大学　121，216
南京农业大学中国农业遗产研究室
　　77，174
南京师范大学　128，222
南京市社会科学界联合会
　　123，218
南京市社会科学院　123，218
南京图书馆　96，192
南京信息工程大学　144，239
南京政治学院上海分院　79，175
南开大学　124，218
南开大学经济学院　62，159
南开大学商学院　50，148
南通大学　139，234
南阳师范学院　142，236，237
内蒙古财经大学　72，169
内蒙古大学　139，234
内蒙古民族大学　86，182
内蒙古师范大学　139，234
内蒙古自治区软科学研究会
　　53，150
内蒙古自治区社会科学院
　　130，225
宁波大学　137，232
宁夏大学　143，237

宁夏回族自治区图书馆　96，192
宁夏回族自治区图书馆学会　96，192
宁夏社会科学院　85，136，181，230

P

蒲松龄纪念馆　100，196

Q

齐文化研究院　111，206
青岛大学　143，238
青海民族大学　86，182
青海民族大学民族学与社会学学院　84，180
青海民族大学民族研究所　84，180
青海省行政学院　119，214
青海省社会科学院　137，232
青海省社会主义学院　119，214
青海师范大学　140，235
清华大学　48，56，121，146，153，215
清华大学技术创新研究中心　52，149
曲阜师范大学　129，223
全国妇联妇女研究所　89，185
全国高等院校古籍整理研究工作委员会　79，175
全国农业展览馆　73，169
全国重点理工大学教学改革协作组　57，155

泉州海外交通史博物馆　79，176

R

人民教育出版社　56，153
人民音乐出版社　103，199

S

山东财经大学　68，165
山东大学　85，111，121，125，180，205，216，219
山东大学当代社会主义研究所　82，178
山东省法学会　48，146
山东省可持续发展研究中心　54，152
山东省社会科学界联合会　125，219
山东省社会科学院　126，221
山东省图书馆　97，193
山东省图书馆学会　97，193
山东师范大学　54，136，152，231
山东体育学院　92，188
山东政法学院　49，147
山西财经大学　67，164
山西出版集团　102，198
山西大学　110，128，205，223
山西行政学院　119，214
山西省高等学校图书情报工作委员会　97，193
山西省教育科学研究院　58，155
山西省教育学会　58，155

山西省人民政府发展研究中心 53,151
山西省社会科学院 66,108,142,163,203,236
山西省生产力学会 72,169
山西省图书馆 97,193
山西省文物局 75,172
山西省政府经济研究中心 72,169
山西省自然辩证法研究会 110,205
山西师范大学 137,231
陕西省考古研究院 74,170
陕西省科学技术信息研究所 95,191
陕西省社会科学院 126,220
陕西省作家协会 100,195
陕西师范大学 78,125,174,220
汕头大学 143,238
商丘师范学院 143,238
商务部国际贸易经济合作研究院 71,168
上海财经大学 60,62,63,158,160
上海大学 89,129,185,224
上海对外经贸大学 70,167
上海行政学院 114,209
上海交通大学 132,227
上海旅游高等专科学校 88,184
上海社会科学院 82,122,178,216

上海社会科学院法学研究所 48
上海社会科学院经济研究所 65,162
上海社会科学院历史研究所 77,174
上海社会科学院青少年研究所 90,185
上海社会科学院世界经济研究所 62,160
上海师范大学 128,222
上海世纪出版股份有限公司·上海辞书出版社 108,203
上海世纪出版集团 103,198
上海市编辑学会 103,198
上海市高等教育学会 56,154
上海市教育科学研究院 56,154
上海市金融学会 67,164
上海市科技翻译学会 109,204
上海市社会科学界联合会 122,125,216,219
上海市图书馆 94,190
上海市图书馆学会 94,190
上海市中国特色社会主义理论体系研究中心 82,178
上海体育学院 91,187
上海外国语大学 99,106,107,116,194,201,202,211
上海音乐学院 104,199
深圳大学 130,225
深圳证券交易所综合研究所 63,160
沈阳师范大学 138,232

沈阳体育学院　92，187
沈阳音乐学院　105，200
石家庄经济学院　70，73，167，170
首都经济贸易大学　62，68，89，159，165，185
首都师范大学　132，226
四川大学　126，220
四川大学道教与宗教文化研究所　120，215
四川大学南亚研究所　117，212
四川理工学院　138，233
四川社会科学学术基金会（新知研究院）　61，158
四川省杜甫学会　100，196
四川省科技促进发展研究中心　52，150
四川省人民政府参事室　79，176
四川省人民政府文史研究馆　79，176
四川省社会科学界联合会　82，133，178，227
四川省社会科学院　66，82，85，123，163，178，181，217
四川省图书馆学会　97，192
四川省文物局　75，172
四川省作家协会　99，195
四川师范大学　129，224
四川外国语大学　109，204
苏州大学　129，223

T

天津财经大学　69，166
天津大学　51，134，149，228
天津行政学院　117，212
天津商业大学　72，169
天津社会科学院　110，125，205，220
天津师范大学　134，228
天津市科学学研究所　52，150
天津市少年儿童图书馆　96，191
天津市社会科学界联合会　118，213
天津市图书馆学会　96，191
天津体育学院　91，187
天津图书馆　96，191
同济大学　88，117，133，183，211，228

W

外交学院　112，207
卫生部卫生经济研究所　70，166
渭南师范学院　59，156
文物出版社　74，170
武汉大学　48，61，94，122，126，146，159，189，217，221
武汉理工大学　58，135，156，229
武汉体育学院　91，187
武汉音乐学院　104，199

X

西安财经学院　68，93，165，188
西安交通大学　63，128，161，222

西安体育学院　91，187
西安外国语大学　106，108，203
西安外国语大学人文地理研究所
　　87，183
西安文理学院　144，238，239
西北大学　130，224
西北民族大学　84，85，180，181
西北农林科技大学　69，166
西北师范大学　131，226
西北政法大学　47，145
西藏民族学院　86，182
西藏社会科学院　85，181
西华师范大学　144，238
西南财经大学　61，63，158，160
西南大学　127，221
西南民族大学　83，179
西南政法大学　47，145
厦门大学　123，217
厦门大学经济研究所　64，161
厦门大学历史研究所　68，164
厦门大学台湾研究院　115，210
湘潭大学　70，109，134，167，
　　204，229
新疆大学　140，235
新疆社会科学院　77，137，
　　173，231
新疆师范大学　127，221
信阳师范学院　144，238

Y

亚太建设科技信息研究院
　　71，168

烟台大学　141，235
延安大学　141，236
延边大学　108，141，203，236
扬州大学　141，235
语言文字工作委员会　109，204
云南财经大学　69，166
云南大学　125，136，220，230
云南行政学院　116，211
云南教育出版社有限责任公司
　　66，163
云南民族大学　84，180
云南省发展和改革委员会，云南财
　　贸学院　67，164
云南省社会科学界联合会
　　136，231
云南省社会科学院　134，229
云南师范大学　130，225

Z

浙江财经学院　64，161
浙江大学　52，101，122，150，
　　197，216
浙江工商大学　65，137，
　　162，232
浙江行政学院　115，209
浙江省社会科学界联合会
　　124，219
浙江省社会科学院　126，220
浙江省心理学会　101，197
浙江师范大学　135，229
浙江树人大学　143，237
郑州大学　131，225

期刊主办单位索引　　265

中共北京市委党校　115, 210
中共福建省委党校　117, 211
中共甘肃省委党校　118, 213
中共广东省委党校　118, 212
中共杭州市委党校　118, 213
中共黑龙江省委党校　114, 209
中共湖北省委党校　119, 213
中共吉林省委党校　118, 213
中共江西省委党校　114, 209
中共宁波市委党校,宁波市行政学
　　院,宁波市社会主义学院
　　118, 212
中共青海省委党校　119, 214
中共山东省委党校　116, 210
中共山西省委党校　119, 214
中共陕西省委党校　116, 210
中共四川省委党校　116, 210
中共天津市委党校　117, 212
中共云南省委党校　119, 214
中共浙江省委党校　115, 209
中共中央编译局　62, 81,
　　159, 177
中共中央编译局马克思主义研究部
　　81, 177, 178
中共中央党史研究室　80, 177
中共中央党校　113, 207
中共中央文献研究室　115, 209
中共重庆市委党校　114, 209
中国 21 世纪议程管理中心
　　54, 152
中国版权保护中心　49, 147
中国保险学会　63, 160

中国比较文学学会　99, 194
中国兵器工业集团第 210 研究所
　　95, 190
中国财政学会　63, 161
中国藏学研究中心　84, 180
中国城市规划学会　87, 183
中国城市金融学会　67, 164
中国城市科学研究会　87, 183
中国传媒大学　102, 105,
　　197, 200
中国档案学会　95, 191
中国地方志指导小组办公室
　　78, 174
中国地理学会　87, 183
中国地质大学　129, 223
中国第二历史档案馆　78, 175
中国第一历史档案馆　78, 174
中国电影家协会　104, 199
中国电影艺术研究中心　105, 200
中国法学会　47, 145
中国翻译协会　106, 201
中国妇女研究会　89, 185
中国高等工程教育研究会
　　57, 155
中国高等教育学会　56, 153
中国高等教育学研究会　55, 153
中国工程院教育委员会　57, 155
中国共产党中央委员会　80, 176
中国管理现代化研究会　53, 151
中国广播电视协会　103, 198
中国国防科学技术信息学会
　　95, 190

中国国际共运史学会 81，178
中国国际金融学会 61，158
中国国际问题研究所 112，207
中国国家博物馆 75，171
中国国家图书馆 95，190
中国海外交通史研究会 79，176
中国行政管理学会 50，148
中国华侨华人历史研究所 79，175
中国环境出版社 55，152
中国会计学会 50，148
中国建设银行股份有限公司 67，164
中国建筑设计研究院 71，168
中国建筑学会 71，168
中国交通教育研究会高教研究分会 58，156
中国教育经济学研究会 56，154
中国教育学会 56，153
中国金融出版社 67，164
中国金融学会 60，157
中国井冈山干部学院 118，213
中国抗日战争史学会 77，173
中国科技情报学会 96，192
中国科学技术发展战略研究院 52，150
中国科学技术期刊编辑学会 102，198
中国科学技术情报学会 94，95，189，191
中国科学技术史学会 78，111，175，206

中国科学技术信息研究所 94，189
中国科学社会主义学会 81，177
中国科学学与科技政策研究会 51，52，149，150
中国科学院大学 111，206
中国科学院地理科学与资源研究所 54，87，152，183
中国科学院古脊椎动物与古人类研究所 85，181
中国科学院科技翻译工作者协会 108，203
中国科学院科技政策与管理科学研究所 51-53，149，151
中国科学院农业研究委员会 68，165
中国科学院文献情报中心 93，94，102，189，197
中国科学院武汉文献情报中心 55，152
中国科学院心理研究所 101，196
中国科学院亚热带农业生态研究所 68，165
中国科学院资源环境科学与技术局 55，152
中国科学院自然科学期刊编辑研究会 102，197
中国科学院自然科学史研究所 78，111，175，206
中国可持续发展研究会 54，152
中国孔子基金会 111，206
中国劳动关系学院 117，212

期刊主办单位索引　267

中国林业经济学会　70，167
中国伦理学会　110，205
中国南亚学会　115，210
中国农科院农业经济与发展研究所
　　65，162
中国农业大学　132，227
中国农业技术经济学会　65，162
中国农业经济学会　63，160
中国农业科学院　77，174
中国农业科学院农业经济研究所
　　63，160
中国农业历史学会　77，174
中国钱币博物馆　72，169
中国钱币学会　72，169
中国青年政治学院　116，211
中国青少年研究会　113，208
中国青少年研究中心　113，208
中国人力资源开发研究会
　　53，151
中国人民大学　47，61，80，88，
　　94，102，120，145，159，177，
　　184，189，190，197，215
中国人民大学清史研究所
　　76，173
中国人民公安大学　49，147
中国人民解放军国际关系学院
　　107，202
中国人民解放军南京政治学院
　　117，119，211，214
中国人民银行郑州中心支行
　　68，165
中国软科学研究会　51，148

中国商业经济学会　69，166
中国社会科学院　76，120，
　　172，215
中国社会科学院财经战略研究院
　　61，158
中国社会科学院俄罗斯东欧中亚研
　　究所　73，113，170，208
中国社会科学院法学研究所　47，
　　145，146
中国社会科学院工业经济研究所
　　51，60，148，157
中国社会科学院近代史研究所
　　76，77，172，173
中国社会科学院经济研究所　60，
　　61，64，157，158，161
中国社会科学院考古研究所
　　73，170
中国社会科学院科研局　54，151
中国社会科学院拉丁美洲研究所
　　115，210
中国社会科学院历史研究所　76，
　　78，172，175
中国社会科学院马克思主义研究院
　　80，176
中国社会科学院美国研究所
　　113，208
中国社会科学院民族文学研究所
　　98，194
中国社会科学院民族学与人类学研
　　究所　83，84，107，179，
　　180，202
中国社会科学院农村发展研究所

61, 63, 158, 160
中国社会科学院欧洲研究所 112, 207
中国社会科学院人口与劳动经济研究所 89, 184
中国社会科学院日本研究所 114, 208
中国社会科学院社会学研究所 89, 184, 185
中国社会科学院世界经济与政治研究所 60, 62, 112, 157, 159, 206
中国社会科学院世界历史研究所 76, 172, 173
中国社会科学院世界宗教研究所 120, 214
中国社会科学院数量经济与技术经济研究所 60, 158
中国社会科学院台湾研究所 116, 210
中国社会科学院外国文学研究所 98, 194
中国社会科学院文学研究所 193
中国社会科学院西亚非洲研究所 113, 208
中国社会科学院新闻与传播研究所 102, 197
中国社会科学院信息情报研究院 124, 218
中国社会科学院亚太与全球战略研究院 112, 115, 207, 210
中国社会科学院研究生院 127, 222
中国社会科学院语言研究所 105, 106, 200, 201
中国社会科学院哲学研究所 110, 204, 205
中国社会科学院政治学研究所 112, 207
中国社会科学院中国边疆史地研究中心 77, 173
中国审计学会 63, 160
中国生产力学会 72, 169
中国世界经济学会 60, 157
中国税务杂志社 66, 163
中国太平洋学会 114, 209
中国体育科学学会 91, 186
中国统计出版社 93, 188
中国统计教育学会高教分会 93, 188
中国统计学会 92, 188
中国投资学会 67, 164
中国图书馆学会,国家图书馆 93, 189
中国土地勘测规划院 64, 162
中国土地学会 64, 162
中国外文局对外传播研究中心 106, 201
中国卫生经济学会 70, 166
中国未来研究会 53, 151
中国文艺理论学会 98, 194
中国现场统计研究会 92, 188
中国现代国际关系研究院 112, 207

中国现代文学馆　98，194
中国心理卫生协会　101，196
中国心理学会　101，196
中国新闻出版传媒集团　102，198
中国新闻出版研究院　103，198
中国亚洲太平洋学会　112，207
中国艺术研究院　99，103，104，
　　194，195，198，199
中国音乐家协会　104，200
中国音乐学院　104，200
中国银行股份有限公司　61，158
中国优选法统筹法与经济数学研究
　　会　51，149
中国韵文学会　109，204
中国哲学史学会　111，205
中国政法大学　47－49，145－147
中国知识产权研究会　48，146
中国致公党中央委员会　72，168
中国周易学会　111，205
中国资产评估协会　72，169
中国自然辩证法研究会　110，205
中国自然资源学会　54，152

中华美国学会　113，208
中华女子学院　90，186
中华全国日本经济学会　66，163
中华日本学会　114，208
中南财经政法大学　47，64，
　　145，161
中南大学　72，169
中南民族大学　83，179
中山大学　122，217
中山大学人口研究所　89，185
中央财经大学　62，159
中央档案馆　115，209
中央教育科学研究所　57，154
中央教育科学研究院　55，153
中央美术学院　105，200
中央民族大学　58，83，155，179
中央司法警官学院　50，148
中央戏剧学院　104，199
中央音乐学院　103，199
总装备部继续教育中心　59，156
最高人民检察院检察理论研究所
　　49，147

致　　谢

在本项目调研及实施过程中，我们得到了中国社会科学网、国家哲学社会科学期刊数据库、网上在线问卷系统（问卷星）等的大力支持，得到了全国各地（包括港、澳、台地区）科研机构、期刊编辑部和专家学者的积极配合。此外，我们还听取了美国、加拿大、韩国、荷兰、德国等国外学者的意见。在此，对以下机构的支持和帮助表示感谢（机构名称按音序排列）。

安徽财经大学	电子科技大学
安徽大学	东北财经大学
安徽省社会科学院	东南大学
北方民族大学	对外经济贸易大学
北京大学	敦煌研究院
北京第二外国语学院	福建江夏学院
北京工商大学	福建社会科学院
北京科技大学	复旦大学
北京理工大学珠海学院	甘肃省社会科学界联合会
北京师范大学	甘肃省社会科学院
北京市社会科学院	甘肃省图书馆
北京语言大学	广东财经大学
重庆工商大学	广东省社会科学院
重庆社会科学院	广东外国语大学
大连市社会科学院	广西大学
第二军医大学	广西社会科学院
电子工业出版社	广州大学

致　谢

贵州省社会科学院	南京社会科学院
哈尔滨工业大学	南开大学
海南省社会科学院	内蒙古大学满洲里学院
海南师范大学	内蒙古社会科学院
韩国经济人文社会科学院	宁波市社会科学院
韩国仁荷大学	宁夏大学
杭州师范大学	宁夏社会科学院
河北大学	青海省社会科学院
河北省社会科学院	清华大学
河南财经政法大学	厦门大学
河南大学	厦门市社会科学院
河南工业大学	山东社会科学院
河南理工大学	山西财经大学
河南省社会科学院	山西省社会科学院
黑龙江省社会科学院	陕西省社会科学院
湖北省社会科学院	陕西师范大学
湖南省社会科学院	上海财经大学
华中科技大学	上海大学
华中农业大学	上海海事大学
华中师范大学	上海交通大学
吉林财经大学	上海社会科学院
吉林大学	首都师范大学
吉林社会科学院	四川大学
吉林师范大学	四川省社会科学院
暨南大学	苏州大学
江苏省社会科学院	台湾大学
江苏省体育科学研究所	台湾政治大学
江西省社会科学院	台湾中山大学
兰州大学	台湾中兴大学
辽宁社会科学院	台湾"中央"研究院
南京财经大学	台湾中正大学
南京大学	天津大学

天津社会科学院	中共辽宁省委党校
天津师范大学	中共天津市委党校
同济大学	中共中央党校
武汉大学	中国传媒大学
武汉体育学院	中国科学技术信息研究所
武汉音乐学院	中国农业大学
西安电子科技大学	中国人民大学
西安交通大学	中国社会科学院国际研究学部
西安理工大学	中国社会科学院经济学部
西安外国语大学	中国社会科学院历史学部
西北大学	中国社会科学院马克思主义研究学部
西藏社会科学院	
西南交通大学	中国社会科学院社会政法学部
西南民族大学	中国社会科学院图书馆
香港中文大学	中国社会科学院文哲学部
新疆社会科学院	中国社会科学院研究生院
云南省社会科学院	中国社会科学杂志社
浙江大学	中国音乐学院
浙江工商大学	中华经济研究院
浙江省社会科学院	中华书局
浙江师范大学	中南财经政法大学
浙江外国语学院	中南民族大学
郑州大学	中山大学
中共河南省委党校	中央民族大学

还有很多机构给予我们大力支持，限于篇幅不一一列举，在此一并表示感谢。